低风险创业

樊登 — 著

北京联合出版公司
Beijing United Publishing Co.,Ltd

图书在版编目（ＣＩＰ）数据

低风险创业 / 樊登著 . —北京：北京联合出版公
司，2022.12（2024.11 重印）
　ISBN 978-7-5596-6528-7

　Ⅰ . ①低… Ⅱ . ①樊… Ⅲ . ①创业－风险管理－研究
Ⅳ . ① F241.4

中国版本图书馆 CIP 数据核字（2022）第 202433 号

低风险创业

作　　者：樊　登
出 品 人：赵红仕
责任编辑：徐　鹏
封面设计：何家仪

北京联合出版公司出版
（北京市西城区德外大街 83 号楼 9 层　100088）
三河市中晟雅豪印务有限公司印刷　新华书店经销
字数 200 千字　880mm×1230mm　1/32　印张 10.25
2022 年 12 月第 1 版　2024 年 11 月第 4 次印刷
ISBN 978-7-5596-6528-7
定价：78.00 元

每一次成功的创业，都是一个原创

总有人说不要劝人创业，因为创业风险很大。但"黑天鹅理论"的提出者纳西姆·塔勒布说，打工的风险更大！因为打工的风险是确定的风险，迟早会出现，只是我们在年轻的时候选择忽视它。塔勒布用了一个很棒的隐喻来说明这件事，叫作"火鸡效应"——火鸡从出生就受到主人的照顾，它觉得主人是这个世界上最爱它的人。直到感恩节的前一天……

我年过四十以后，身边这样的例子就越来越多。很多朋友在一家公司工作了十年之后突然被裁员，原来想成为终身员工的梦想破灭了。这时候才发现这么多年来，自己的能力已经完全工具化。除了工作岗位上的那些事，对这个世界了解得太少，对新生事物一无所知。再加上年龄的问题，再找工作变得非常困难。有的人能够很幸运地在体制内熬到退休，每个月可以领固定的退休金，觉得这才叫作安全。但当你开始养老，面对自己和家人的生老病死，你会发现，仅靠退休金是根本不足以应对这一切的。

我听到对创业最多的反对意见是"并不是所有人都适合创业"。是的，你不学习也不实践，当然不适合创业。但绝没有人预先规定了哪一种人是不适合创业的。

命运并没有被写在基因里！

我见过读书少的人创业成功，也见过脾气急的人创业成功，甚至见过性格有些孤僻的人创业成功。这些人唯一的共同点是：他们出发了，并且不断学习、总结、调整。优秀的创业者不是敢于冒风险的人，而是善于控制风险的人。我在五年前写了这本《低风险创业》，就是想让更多人知道不要卖房创业，不要借钱创业，甚至一开始不要辞职创业！在这五年时间里，我收到无数读者的反馈。最常见的开场白就是"如果我当年读了这本书，就不至于……"很多人对创业有着刻板的错误认知，比如"一定要有个办公场所""一定要先雇几个人""一定要买辆二手豪华车""一定要拿到风险投资"……我把这些统称为"太讲究创业的姿势"。创业不需要姿势，创业需要的是一个真正的社会问题和你对这个问题的热爱。

在接触了大量的成功创业者之后，我发现他们几乎都是白手起家。很多人会挖空心思地寻找这些人的社会关系，只是为了证明他们不是普通人，从而为自己的不努力不成功找到借口。有强大社会关系的人多了，但并不是都能成功。你今天白手起家，过些年也会有人找到你有个当领导的姑父。但其实你知道，那个姑父是在你成功后才想起有你这么个侄儿。

一无所有是我们绝大部分人来到这个社会上的常态，所以创业的风险是一个非对称的风险。再加上有限责任公司的制度，你的失去是有底线的，而你的获得是没有封顶的。创业绝对是一件值得试一试的事情。

低风险创业不意味着创业无风险。人坐在家里都有百万分之一的死亡风险。但是，风险是我们的朋友，因为风险意味着变化，我们所要做的是控制风险。如果你不愿意动脑子，只想找到别人成功的所谓"内幕"，看很多"拆解公司"的视频，再花点钱照着做，那风险绝对很大。因为每一个公司的成长都是复杂的、有机的，是无法被一群旁观者拆解分析的。

自从我看过了各种媒体分析报道樊登读书的文章后，我就再也不信这类文章和视频了，并不是记者水平低或者故意乱写，而是因为这是一个不可能完成的任务。就算让我自己写樊登读书的成长路径，都不会是真的。我作为当事人反而更可能有光环滤镜，会有选择性记忆和失忆。更重要的是，会有很多事是我根本就不知道的，比如运气！所以在这本书再版的时候，我要强调这句话：每一次成功的创业，都是一个原创！

你不了解发生在你身上的随机性，没关系，因为这些随机性也构成了你生命的一部分；公司是稀里糊涂长大的，没关系，只要你真的解决了之前没人解决的那个问题。即便是同行的两家公司，也是完全不同的两个生命体。而那些通过"拆解"某个公司来教大家创业的人，只是以为找到了宝贝的孩子，或者干脆就是卖大力丸的骗子。如果靠拆解和模仿就能成功，这世界上得有多少成功的企业？或者那位导师自己为什么不去做，而要把秘笈便宜地卖给你？换句话说，我如果"真的"知道樊登读书是怎么做起来的，我为什么不去做第二家？

因为确实没那么简单。樊登读书是长出来的，除了我和团队的努力之外，还有土壤环境和风吹日晒的外部环境。到底在哪里碰上了幸运,我不知道。我只是按照这本书里写的这些方法不停地尝试,不断地努力,并且乐在其中。就是孔夫子说的,尽人事而听天命。

这本书不会承诺你成功。即便你该做的都做了,甚至都做对了,也未必会成功。反过来,没做对却成功了的例子也不少。我们无法决定土壤环境和风吹日晒,但我们可以决定为什么而出发,怎么用最低的代价尝试最多的可能性,怎么让自己成为一个乐在其中的人。

前段时间有句玩笑话,说"凭运气赚来的钱,凭本事亏光了"。这句话其实是有智慧的。如果你意识不到自己本事的有限性,把所有运气都当作本事,就一定会犯"傲慢的错误"。卖房创业、借钱创业、急速扩张、疯狂贷款,这些都是傲慢的错误,也就是高风险创业的原因。

这本书所鼓励的是去犯"无知的错误"。因为我们本来就一无所知,尤其是创业中所面对的都是新事物,确实一无所知。不犯错就没法学习,更没法获得有效的经验,所以创业就是一个不断试错的过程。你知道自己的无知,就不敢卖房,甚至不敢辞职,谨小慎微地探索着解决问题的可能性,犹犹豫豫地平衡着成本与收益。这种"无知的错误"代价是小的,收获是大的。

我们在生活中见到的绝大多数创业失败甚至家破人亡的案例,大都属于"无知又傲慢的错误"。

最后,即便你这一辈子创业都没有成功,只要你能够控制好风险,你的生活也会比每天按部就班有趣些吧!

樊登

2022 年 5 月

目 录

1 **低风险创业的基本逻辑**

所谓成功,无非就是逢山修路、遇水搭桥。我能给你的不是路和桥,而是修路的工程图和搭桥的砖石原料,也就是低风险创业的基本逻辑和工具。路还是得你自己修,我只能搭把手。

2 **创业从找到好问题开始**

有句老话叫"方向比奔跑重要,选择比努力重要"。找到好问题是创业的第一步,你得主动去寻找问题,才能准确找到自己的创业方向。能不能解决、解决到何种程度,这些都是后话,前提是你得去寻找。

3

秘密是最好的抗风险武器

问题决定着市场的大小，而秘密决定着创业风险的大小。假如创业者选错了要解决的社会问题，很可能因为市场太小赚不到钱；而假如秘密不够，即便市场再大，你也可能赚不到钱，甚至连活下去都很困难。只有把握秘密，才能让创业者拥有属于自己的抗风险武器；秘密越大，抗风险的能力就越强，核心竞争力也就会越强。

4 反脆弱的结构设计

低风险创业的核心，其实体现在反脆弱上。创业是一个复杂的行为，没有人能通过简单地模仿复制别人的成功。任何创业秘密、商业节奏和团队管理手段，离开了特定的环境和背景，都难以复制。真正能够有效地帮助创业者降低风险的是反脆弱的结构设计。

5

赋能生物态创业团队

创业是一条孤独而寒冷的路，只靠创始人一人的智慧和热情难以持久，也容易迷失方向。你需要的是所有员工的光和热，需要能够实现生物态增长的团队，需要"群智涌现"、彼此协同。只有大家抱团取暖，才能降低风险。

6

有效沟通造就团队凝聚力

产品很重要，营销也很重要，但是"最终阻碍你到达远方的往往不是高山，而是鞋里的沙子"，大量遭遇创业失败的企业，都是因为团队"捏"不到一块。很多人刚开始创业时气势恢宏，眼看就要成功，最终还是没做成，原因是他的团队没有凝聚力，是一盘散沙。

7 最优客户发展方法：MGM

客户的真正价值，在于他能为你带来新的客户，让你的生意源源不断。如果你认为客户和你只做一锤子买卖，那你的生意永远做不大，永远无法抵御未知的风险。当然，这是一门技巧，需要学习一些广告学的知识。更重要的是，你得有能让客户尖叫的产品。

8 打造指数级增长的引擎

未来所有的公司都会是指数型增长的公司，加入其中便意味着拥有了未来。而如果你的公司一直处于线性增长的发展模式中，到最后你会发现，成本永远比你的收入增加得更快，风险系数也会水涨船高。

1

低风险创业的
基本逻辑

所谓成功，无非就是逢山修路、遇水搭桥。我
能给你的不是路和桥，而是修路的工程图和搭
桥的砖石原料，也就是低风险创业的基本逻辑
和工具。路还是得你自己修，我只能搭把手。

每个人都有机会成就低风险创业

"我是不是适合创业",这可能是很多人在琢磨的一个话题。根据我的观察,其实每个人都有机会。我创业的时间长,采访的创业者也多,所以见过各式各样的创业者,他们的离奇程度有时候会超乎想象。所以,你只需要知道,像你这样的人有没有成功创业的案例,如果有,他能做到,那你也能做到。

创业成功可以学习复制

我见过完全不识字的人在这个时代创业成功。

我在北大企业家总裁班教领导力的课时,有堂课上的一个环节是要求学员用左手写自己的名字,其中有个学员就不写。我觉得他不配合我,就走到他面前敲他的桌子,想让他配合课上的互动环节。结果他对我说:"老师,我不认识字。"我大吃一惊。他说自己从小没有上过学，后来通过开矿创业成功了。

我见过一个保安做了一家上市公司。女性内衣品牌都市丽人的老板，原来就是沃尔玛的保安。他曾经告诉我，他人生最大的转折是当保安的时候，从超市的门口被调到了超市的里边。我不太理解，不都是保安吗？为什么从门口调到超市里边，就是人生最大的转折？

他说，原来在大门口，他每天只能见到自己公司的人；当他被调到卖场里边后，突然发现女人购物好疯狂。他在卖场里负责盯着化妆品的区域，于是他开始观察女性消费者为什么买某个牌子。看来看去，他看出门道了，然后就出来创业。他觉得女性内衣是当时的一个空白市场，而且同样是女性市场，然后就自己做了一个品牌叫"都市丽人"，再后来逐步开了门店，并一步步在香港成功上市了。

最让我感动的是一个残疾人创业项目，这个人给了我特别大的力量。这个人不但是残疾人，而且是个在路边乞讨的无家可归者。有一天他看到旁边有一个小店写着教授皮衣清洗的技能，他跑过去问人家，能不能教他。小店的老板特别好，跟他说可以少收点钱。他乞讨来了些钱，就给了老板 1000 块钱。老板给他找了个地方住，然后就让他在店里学皮衣清洗。学完了之后，他就在路边支了个摊，给人擦皮鞋，然后就开始一点点挣钱。挣了钱以后租了一个小门面开始做皮衣清洗……他就是这样创业的，后来建立了自己的品牌。

甚至智障患者都能创业成功。

有一本书叫《复制成功》，是金考印刷公司（Kinko's）创始人的自传。这家公司被评为"美国最受员工欢迎的雇主"第一名，后来被联邦快递收购了。

这个公司的老板从小就被诊断出患有读写障碍，他一个字也写不出来，一个字也不认识。从小他爸妈就放弃让他上学了，他爸妈说："反正你也上不了学，给你买台复印机，这辈子你就指着一台复印机生活吧。"他靠着搞复印将生意越做越大，最后做成了一家跨国连锁公司，然后以几十亿美元的售价卖给联邦快递，而他自己甚至到哈佛大学给 EMBA 讲课。

创业是对自身能力的一种释放

什么样的人适合创业？我觉得爱创业、想创业的人，就能创业，但是看得开、想得开的人相对更适合创业。如果你觉得人生的幸福很重要，工作与生活的平衡很重要，那么你就得提高自己的心理承受能力，让自己能够想得开。如果你能想得开，那么创业就是一件非常愉快的事。

我第一次创业是和知名出版人慕云五老师一起做杂志。我觉得那个阶段的我就有点想不开，因为每个月到了要发工资的时候就非常焦虑，当时我要从自己的账上拿出钱来给员工发工资，那种感觉很糟糕，尤其是我账上没有那么多钱的时候。还有一个节点是付印刷费的时候，那个时候我也感觉特别痛苦。现在回过头来看，那时候是我自己的修为不够，不能和这种焦虑的状态良好地共处。

如果你真的把自己的修为提高了，就会发现其实没钱的公司是绝大多数，大量的公司是在生死线上挣扎过来的，只有自己的心态好，不离开牌桌，才能够有机会活得更长，最后赚到钱。

巴菲特为什么能赚到钱？就是因为他无所谓。巴菲特曾经表过态，股价涨就涨、跌就跌，对于他来讲，只要不离开牌桌，就能够穿越股市周期。所以到最后他能够享受到这个时代、这个潮流带来的红利。

但是如果我们没有生存能力，在创业的过程当中总是想通过一次爆发获得成功，那就像股市里追涨杀跌的股民，很有可能干不了多长时间就被人"收割"了，交了"学费"。

对于创业者来说，一定不要简单地看一个公司的案例就去创业了。我们的思路可以更开阔，因为可以选择的创业方向是特别多的，就像我们永远不会知道哪片云彩会下雨。只要我们的创业项目活得长，我们能够在这个游戏里不断地探索就好。所以我认为每个人都适合创业，创业是对自身能力的一种释放。

对于要不要选择创业，其核心是问自己究竟要不要把自身的潜力释放出来，探索自己人生的更多可能性。很多人说自己胆小，不敢创业，那么用创业的态度来工作也是很好的。

我一直强调低风险创业，在岗创业就是一种很好的低风险创业方式。不用卖房卖车，通过跟公司合作，也能把自己的潜力发挥出来。

低风险创业的第一个准备

近几年来，身边的创业者越来越多，我跟他们的交流也越来越多。时日一长，我发现了一件挺高兴的事情——我经常能给这些创业者一些有效的建议。当然，这也可能是我个人选择性接收的缘故，那些失败项目的创业者或许不太好意思再和我交流。但从大面上来看，我辅导过的那些创业项目，基本上都活得很不错，甚至有很多从不赚钱慢慢变成了赚钱的项目。

有朋友将原因归结于"樊登老师的思想"，这听起来有些吓人。其实，取得这些成绩根本不是我的功劳，而应归功于书里的思想。我会将我从各种各样的书里找到的和低风险创业有关的话题，还有日常生活中与其他创业者的交流心得，分享给那些找我做辅导的创业者。

1. 和父母关系的好坏，决定了创业成就的大小

在讲低风险创业的相关方法之前，我想先和大家探讨一个心理

问题。所有的创业者最终能不能赚钱，能不能取得成就，有一个非常重要的决定因素，大家猜猜是什么。这个因素就是你和你父母的关系。这对你能不能够获得最终的成就，有着极大的影响。所以，在面对很多找我做辅导的创业者时，我都会问他们："你跟你爸妈的关系怎么样？如果你们发生了矛盾，那么该怎么处理？"

为什么这一点非常重要呢？要想弄明白原因，先来看一种奇怪的现象。我发现，许多创业者身上都存在一个共同点——不允许自己过好日子。手上有点钱，只要最近过得比较顺利，他就会想办法把钱花掉，让自己面对更大的压力，持续享受这种高压的创业过程。

我认识一位 60 后企业家。他曾是某国企的厂长，刚接手时，工厂非常破旧衰败。经他多年努力，厂子日益兴旺，在那么小的一个城市里，一年实现五六千万元的利润，成为当地十分知名的一家大型企业。

即便如此，他却从来不进行利润分红，这让我十分费解。我觉得你既然挣了这么多钱，分点红让大家改善一下生活多好。但是他不，他经常挂在嘴边的一句话是："我们要将钱投入下一步的发展。"

下一步的发展是什么呢？买地建厂房。五六千万元看起来很多，但要想实现他的目标还远远不够，怎么办？贷款！他一下就贷了好几个亿，买了一大片地，全都盖上了厂房。这是一个死循环，有了钱就买地建厂，钱花完了就贷款，到年底有了钱又继续买地、建厂、贷款……做到最后，他发现每年的利润正好用来还利息。

听起来是不是有些荒唐？但是这位企业家觉得一点问题都没有。他跟我说："我的净资产是优秀的，你只要把我的土地和厂房设备拿去拍卖，就会发现我的净资产是正的，所以我的企业并不亏钱。"

从他的逻辑来看，他的企业确实有着优异的净资产。但是，我想提醒各位创业者，做企业最重要的是现金流，而不是净资产。如果你的现金流永远处于紧绷的状态，一旦出现银行抽贷（由于风控等要求，银行提前收回贷款）的风险，那么你就会很惨。

中国有很多失败的创业者都是如此，他们长期依靠贷款或小额信贷维持现金流。有的创业者甚至会为了借5000块或8000块钱发工资，让员工们再撑一口气，去承担超高的利息。突然有一天，银行说贷款到期了，不能再批新的贷款了，他们就会被最后一根稻草压垮。直到此时，他们才会发现，原本被寄予厚望的土地和厂房，在二次拍卖时根本不值那么多钱。

我经常琢磨，为什么这位企业家就是不分红呢？明明有分钱的机会。

他完全可以不买地建厂，保持现有经营规模，日子一样能够过得很好。企业每年都能挣几千万，这是一件多么令人开心的事情。或者，既然拥有如此过硬的盈利能力，企业完全可以上市融资，走上截然不同的发展道路。

但是他认为不行，他有着极其坚定的立场，很难听进其他人的意见。后来我发现，这是他童年产生的问题，他在很小的时候被他的父母伤害过。

以前，一些地方的农村有一种很不好的风俗。因为条件所限，那时候新生儿的存活率比较低，谁家的孩子眼瞅着养不活了，大人就会将孩子放在自家门口，任其自生自灭。他小时候身体较弱，十岁那年得了重病，父母便给他换上了一身黑衣服，让他独自坐在家门口。

可能是求生意愿比较强烈，也可能是命不该绝，他后来被人救活了，身体很快好转，最终顺利长大成人。但是，"我曾经被人放弃过"这个画面却一直深深地烙在他的脑海中，无法磨灭。虽然他后来依然很爱他的父母，现在想起他早已去世的老母亲还是会伤心，但那个画面让他此生难忘。正是由于这种经历，他后来无法享受生活的幸福。一旦有了钱，日子稍微好过点了，他就一定会想办法把钱花掉，没完没了地折腾自己。

印象中最夸张的一件事，是他得了腰椎间盘突出，每天疼得死去活来。我们看着实在心疼，让他赶紧去医院看病，但他从来不听。老爷子脾气特别倔，即便我们将车停到楼下，他也不肯上车去医院。

被问及原因时，他特别得意，跟我们说："你们谁都无法承受

我这样的痛苦。瞧我的压力多大，银行天天催我还贷款，每天腰还
疼得要死要活，想自杀很多次了，你们这些小辈谁都承受不了。"

你们能理解他内心深处的想法吗？他以承受痛苦为荣，觉得承
受痛苦本身是件很酷的事情，得意于自己承受的巨大压力和身体
痛苦。

一开始，我并不认为这位企业家的经历有代表性，但在后来认
识了越来越多的创业者之后，我发现大量的创业者都存在这种情
况，以至于我会问每一个找我辅导的创业者："你跟你父母的关系
怎么样？"

我认识一个很富有的房地产商，拥有非常壮观的五星级酒店，
但是每天都过得极其焦虑，生活质量很差。开始时我觉得很奇怪，
慢慢熟悉之后才明白：他和父母的关系有问题。

有一天，我问他："你跟你父母的关系怎么样？"他说："哎
呀，往死里打。"

他说这话的意思是，小时候他的父母经常往死里打他，导致他
与父母的关系很差，以至于后来每次他跟他母亲见面时，都会吵
架，吵完之后又觉得很内疚，但下次见面时两人还是会吵架。

说到这里，或许你能明白我为什么要在一本以创业为主题的书
中，开篇先说创业者与父母的关系。

很多创业者历经千辛万苦，九九八十一难，眼瞅着要修得正
果，但就是输在最后一关上。他们不是拿不到钱，就是拿到了钱便

挥霍一空。所以出现这种问题时，大家需要反思一下和父母的关系，反思一下你们是否拥有一个幸福的童年。人永远都会下意识地选择自己最熟悉的那条路。如果小时候最熟悉的是痛苦和压力，你每天肾上腺素的分泌就会十分旺盛，分泌量比一般人高好多，那么你在创业时，二话不说就会选择那条让你感觉最痛苦的道路。反之亦然，如果你小时候熟悉的是安享、喜悦、快乐和自信，那么你就会很自然地选择那条安全、舒适的创业道路。

当然，如何解决这个问题不是这本书的主题，这本书的主题是"低风险创业"。但我依然希望创业者能够理解我说这件事的初衷。一旦弄明白这个问题，你可能会获得完全不同的创业体验。

2. 重新认识和父母的关系

如果你拥有一个幸福的童年，自然再好不过，但如果非常不幸，你的童年是灰色的，那么又该如何是好？谁也无法改变发生过的事，你能做的是重新认识你和父母的关系，发自内心地学会感谢父母，为此你得跟父母和解。跟父母和解，不是说"我原谅你们"这么简单，你没有资格去原谅父母，他们对你所做的一切都是对的，并不需要你的谅解。

或许看到这里，有的读者会问："按照你的说法，我的父母经常打我，难道这也是对的吗？"我的答案很简单，就一个字——"对"。因为在那个具体的时间节点和场合环境下，囿于他们的认知体系，他们能做的最好选择就是打你，这是他们的认知局限决定的。

不知道你们小时候，是否经历过父母为了两块钱吵架的事。现在看来，似乎不可思议，怎么会有人为了两块钱吵得面红耳赤呢？这样的事情如果摊在你身上，你可能会觉得很丢脸，感慨我的童年怎么这么痛苦。对此，我的舅舅很有发言权。

舅舅经常跟我讲，小时候他家里很穷，上学需要交两块钱学费，可是他爸爸不愿意给他。当然也可能是手头确实紧张，他爸爸便骑着自行车躲了出去。为了这两块钱，他一路追着他爸爸的自行车，追了整整两站地。他的爸爸被气得不行，最后将钱甩在他的脸上，扬长而去。

每次说到这里，舅舅总是咬牙切齿地跟我说："我恨他，一辈子都恨他。"

由于一辈子都无法和父亲和解，舅舅一直不太幸福。他没法理解自己的父亲为什么会对这两块钱如此看重，甚至超过了孩子的学业。

可是换个角度，舅舅的父亲肯定有着自己的局限性，他那时可能真的要用这两块钱给家里买米、扯布或买其他急需的东西。在这种情况下，他会觉得孩子的学费是负担，他会生气，会大吼大叫，甚至打我舅舅。

每个人都有着自己的认知局限，我们必须理解父母在他们的认知局限下做出的选择。对此，你有且仅有一种正确的对待方式，那就是感谢。当你能够发自内心地感谢你的父母时，你才能跟整个世界和解，淡定地走上创业的道路，真正通过创业赚到钱。否则，不管付出多少努力，你都有可能出现较大的创业风险和危机，结局都不会太好。

切记，这是我给所有创业者的第一个忠告。

性格决定创业的风险

在上一节里，我们重点探讨的是创业者和父母的关系，这一小节的重点则是创业者的性格。每个创业者到最后都会发现，性格对创业的影响是最大的，这也是创业的底层逻辑之一。说到创业者的性格，我想先跟大家介绍三个生理学上的概念——催产素、肾上腺素和皮质醇。

1. 催产素

催产素是大脑产生的一种激素，男女都有。对女性而言，它能在分娩时引发子宫收缩，刺激乳汁分泌，并促进母婴之间通过爱抚建立起母婴联系。催产素是人与人之间亲密关系的起源，恋人们会渴望拥抱、亲吻，正是由于催产素在起作用。当人体内的催产素含量上升时，会随之释放大量能够缓解压力、延缓衰老的激素，还能促进细胞新生。

简单说来，当你感受到爱的时候，你才会分泌催产素，而催产素能让你心情愉快，用最大的善意拥抱这个世界，拥抱创业的过程。

2. 肾上腺素

肾上腺素是由人体分泌的一种激素。当你经历某些刺激，或者承担巨大压力时，你的身体就会分泌这种化学物质。它会让你的呼吸加快，心跳与血液流动加速，为身体活动提供更多能量，使你的反应更加快速。

什么情况下需要你的反应更快？那就是遭遇危机时。当你挑战危机、感觉其乐无穷的时候，依靠的就是肾上腺素的神奇力量。肾上腺素会让你处于兴奋的状态。当你每天面对的都是"挑战还是逃避"这样的困境抉择时，创业风险系数就会比较高。

3. 皮质醇

皮质醇俗称压力激素，是肾上腺皮质在应激反应里产生的一种激素。体内出现过多的皮质醇会让你的血糖升高、食欲增加、体重上升、性欲减退以及感到极度疲劳等等。之前我在网上看过一些段子，说"创业者没有性生活"。这种情况的出现，除了创业者确实很忙，没有时间和爱人相处，很大一部分原因还在于他们的皮质醇水平偏高。

此外，皮质醇水平偏高还会让你比其他人更容易焦虑、莫名其妙地生气，很多创业者后来得了癌症、抑郁症或心血管疾病，其实都与皮质醇的分泌量过高有关。而催产素可以抵消皮质醇的负面作用，所以你得去爱别人，你才能分泌催产素，变得淡定、愉快。

有一句老话，叫"性格决定成败"，我对此十分认同。你的性格如果十分易怒，总是处在与人争斗的状态中，你的肾上腺素就会分泌旺盛，皮质醇水平就会变高，你就更容易焦躁不安、发怒。这是一个恶性循环，对于创业者而言也是一个"死结"。这不仅会让你的创业过程充满艰辛和风险，还会危及你的身体健康。

反之，如果你的性格较为平和，带着爱与希望创业，那么你便更容易分泌大量的催产素，自然地接受新生事物，带着快乐的心情面对创业中可能出现的各种问题。这样一来，我在后文给你介绍的那些创业方法和工具，到你手里就会威力大增，正如我曾经辅导过的文晶。

文晶是我的小师妹，小姑娘在学校时就非常出色，成绩很好，人也很上进，每天都保持特别愉快的心情，为人处世一点就透。

刚创业时，由于没有经验，也没掌握创业的正确方法，文晶的公司一年亏损了1000万元。相信很多创业者听到这个数字，可能连觉都睡不好，但是文晶的心态很好，在找我做辅导的时候，时刻保持着微笑。

我跟她的交流虽然没花太多时间，大概用了不到三天，但整个过程十分愉快。一年之后，她跟我报喜，说是听了我的建议，调整了思路和方法，找到了创业的新方向，公司现在的年利润是1500万元。

实话实说，我在辅导任何一位创业者时，所花的时间都没有超出三天。樊登读书投资的项目和我个人参股投资的项目，都是如此。有时甚至连一天都用不上，面对面聊三个小时就足够了。三个小时已经足以让我的谈话对象将创业的核心步骤弄明白，这也是完完整整读完这本书的时间。你能从我这里学到低风险创业的基本逻辑、原理和一些常用的工具。剩下的事情，则和你的性格息息相关。

我喜欢愉快的生活，喜欢账上有现金的日子，喜欢每天都开开心心的状态。我曾经跟樊登读书的联合创始人郭俊杰说："我们最好能将公司挣的钱全买成理财产品，选最保险的那种，年化收益6%就足够了。如果有一天，这6%的收益足够给全公司发工资，我觉得就已经算是到位了。"

当时樊登读书远没有现在的规模，这个想法只能算是两个创始人之间的玩笑。如果换了其他战斗型联合创始人，那么他们可能会说我不思进取、小富即安。之所以我会和郭俊杰开这样的玩笑，是因为他和我一样，也是一个性格很好的人。他跟他妈妈的关系很好，我经常听他和他妈妈打电话，语气非常轻松愉快。他们从不吵架，有问题就好好聊，从这些方面就可以看出他是一位心理健康的年轻创业者。

　　顺带说一句，最近郭俊杰又找到了我，跟我说："樊登老师，现在差不多了，樊登读书仅靠利息就能活下去了。"你看，性格好的人，创业的结果往往坏不到哪儿去。

优雅地解决一个社会问题

在我看来，低风险创业的底层逻辑有很多，其中最为核心的当数"优雅地解决一个社会问题"。这句话不是我自创的，而是受益于我曾听过的腾讯联合创始人张志东的一堂课。

张志东的课讲得很棒，大家若是有机会不妨也去听听。在他看来，腾讯那些得到过董事会支持的大项目，像腾讯的商城、电商等，含着金汤匙出生，要钱有钱，要人有人，万事俱备却一直发展得不温不火。反倒是微信这种前期并不太受董事会关注的产品，因为能够优雅地解决一个社会问题，才真正影响了寻常百姓的日常生活。

马化腾在点评微信时，用了一句很有意思的话："微信为什么是好产品？就是因为它没有透支 QQ 的流量。"在很多创业者看来，利润是企业发展的终极目标，不赚钱的企业不是好企业。如果按照这个标准，那么微信刚推出时就应该从已有的 QQ 用户中直接导流，快速商业化。基于 QQ 庞大的用户基础，让微信赢利是一件很简单的事。幸运的是，这一切只是"如果"。在马化腾和张小龙的坚持下，微信至今仍保持着优雅的身姿，拥有了创纪录的 10 亿日活量。

我们来到这个世界上，不能够白来一趟，需要为这个世界做一些事。也就是说，我们要发现值得解决的问题，从而解决它。只要你能够做到这一点，你就是创业者。

一个公司之所以了不起，一定是因为解决了一个了不起的问题，这家公司解决的问题越了不起，它所做的贡献可能就会越大。

"假装的创业者"就看不到问题，他只看到自己会什么，有什么样的资源，而不愿意解决问题。最终，这些人一定会被那些解决问题的人淘汰。

谷歌公司的口号是"完美的搜索引擎，不作恶"（The perfect search engine, do not be evil），我一直以来都很欣赏这句话，它恰好体现了本节我想讲的两个关键点："优雅"和"解决一个社会问题"。

1. 优雅

谷歌公司的优雅体现在"不作恶"上，而它也确实解决了互联网用户长期存在的搜索难题。

2019 年初，我在太原演讲的时候，有一个做知识付费的同行问我："樊登老师，你们现在的个人版 APP 已经拥有了 1400 多万的用户，APP 的周活大概几百万，你们还做了老年版、少儿版、企业版、创业版等，这些版本为什么都要单独做一个 APP，而不是在母 APP 里边帮它们开一个入口？这样流量不是能直接导过去吗？既省成本，效果还很明显。"

这是典型的传统营销思路，和我一直以来秉持的优雅原则不符。如果用导流的方法孵化新产品，万一产品有问题，你连修改的机会都没有。我从来没想着一口吃成个胖子，从刚开始做樊登读书的时候就是这样。我每月一般会进行两次大型演讲，剩下的时间就窝在北京看书，北京分会老想约我都约不着。即便如此，樊登读书照样过得很好，增长的速度非常快。因为这件事情做对了，我们在一个正确的时间点，以正确的姿态，解决了一个真实的社会问题。高速增长从来不是我们追求的目标，只是必然的结果，是水到渠成的事情。

2. 解决一个社会问题

前文说的都是优雅，接下来，让我们聚焦于后半句话——如何解决一个社会问题。解决的前提是发现，你只有找到这个问题，才有可能解决它。

有一次，一位创业者来跟我聊天，我儿子嘟嘟在旁陪同。这位创业者跟我讲了一大堆目前遇到的困难，我还没说话，嘟嘟就张口道："首先你得找到一个问题。"嘟嘟总是听我跟别人聊创业，次数多了，就知道了我的路子。

如何才能准确找到一个问题呢？我建议大家读一本书，叫作《经营者养成笔记》，是优衣库的老板柳井正写的。这本书给了我很大的启发。柳井正说："这个世界上所有伟大的公司，都是因为解决了一个巨大的矛盾才有所成就。"什么是巨大的矛盾？比如大家都希望衣服又好又便宜，也就是老话里的"物美价廉"。其实这就是一个非常典型的矛盾，"物美"的背后需要物料、人工、渠道、物流等各方面配合，这决定了它的成本居高不下，如果"价廉"就会亏本。这是一般人的思路，也就是"一分钱一分货"：如果你想要买质量好、样式新颖的衣服，就得选择知名品牌，但这些品牌的衣服价格不便宜；如果你追求的是低价，就得去批发市场，一件衣服几块钱，质量方面却存在很多问题。

但柳井正并不这么看，在他眼中，"经营的本质就是遇到矛盾，然后解决矛盾。所有伟大的创新都是完成不可能的使命，在不可能之河上架起一座桥。"创业者最重要的力量就在于正视矛盾、解决矛盾，而不仅仅是发现。

优衣库解决的正是在成衣领域"物美"和"价廉"的矛盾。他们通过各方面的努力和协调，能将一件西装卖到几百块钱，质量还非常好，穿个一两年都不会变形。我的正装大多都是从优衣库买的，衬衣、西裤整套下来只需要几百块钱。

说完优衣库，让我们再将目光转向医药领域。曾经有部电影引起了社会各界的广泛思考，叫《我不是药神》。该影片讲述了一位药店店主的故事，聚焦的正是医药领域的巨大矛盾——天价药。为什么电影的主人公程勇要从印度买治疗白血病的药？因为印度的药品便宜。在这里，我跟大家介绍一个在各国商学院都会被讲到的案例——兰博西医药公司的发展模式。

兰博西是印度的一家制药公司，面对印度大量处于金字塔底层的穷人消费者，兰博西可谓将"发现矛盾并解决矛盾"的创业核心逻辑发挥到了极致。

由于很多药品的研发费用居高不下，大部分新药都有 20 年的专利保护期，以确保研发企业能够将其成本收回，同时还能获利，这也是很多药品价格昂贵的原因所在。一旦有新药问世，兰博西公司就会对这种新药进行反向研究，搞清楚它们的制作原理。接着就是等待，一直等到这个药品的专利保护期到期或者快到期时，兰博西公司就开始大批量生产，将药品价格降到不可思议的程度。

经过长期的积累，印度药品已经拥有了成规模的研发体系和极其成熟的生产管理体系。撇开研发成本不谈，仅仅是生产成本，印度的药品就要比西方发达国家的药品低很多。

和优衣库、兰博西一样，滴滴、美团和爱彼迎等互联网新型企业，解决的全是巨大的社会矛盾。

还有很多人，一辈子执着在"假问题"当中，没有找到有效的真问题，这导致他们创业的出发点本身就是错的，因为要解决的这个"问题"不对。

这与每个人的认知有很大的关系，有一些问题能解决，有一些问题解决不了。

"问题"有两种，一种是"汇聚性问题"，另一种是"发散性问题"。汇聚性问题是可以解决的，因为汇聚性问题多半拥有一个统一的解决方案，只要找到了这个解决方案，就能解决它。我们可以看到世界各地有许多发明都差不多，原理是一样的，因为它们都是汇聚性问题，是有固定答案的。

我们最常烦恼的往往是发散性问题：怎么管孩子、怎么管好自己、怎么轻松地减肥……这种发散性问题是没有标准答案的。

当我们面对没有标准答案的问题的时候，只有一个解决办法，就是提高自己的认知水平。只有把认知水平提高了，让原本的发散性问题不再成为一个问题的时候，才会解决。这是发散性问题的解决方法。

所以，降低创业风险，其实并不是一件很难的事情，找到这样的矛盾去克服它就可以了。如果你连克服这个矛盾的动力都没有，不愿意去研究、想办法解决这个问题，那么你的创业之旅注定充满坎坷和荆棘。

创业的本质是自主地工作

创业绝不意味着你注册了一家公司就创业成功了，创业的本质是你自主地工作。创业代表着拥有一定程度上的自由，而这种自由是你即刻享有的。也就是说，你时常能感觉到自由，你想要奔放地工作，想要自主投入地工作，想要自己领导自己地去工作，而且你能够做得到。

从这个角度上来看，牛顿就是一个创业者。虽然牛顿是剑桥大学三一学院的教授，但是他所做的事并没有人要求他这么做，他所做的事开创了人类的新纪元，加速了人类文明的进程，你说他难道不是一个创业者吗？同理，爱因斯坦也是一个创业者。

有一个概念叫"认知失调"，它源于美国社会心理学家利昂·费斯廷格提出的认知失调理论。最典型的认知失调表现是什么？比如一个人想吃葡萄，但他吃不到，这个时候他会在心里得出一个结论，认为葡萄是酸的。

从小到大，人的大脑都在和认知失调做斗争。因为人不能接受认知失调，认知失调会让我们很难受，所以我们一定要想办法缓解这种难受的感觉。吃不到葡萄的人说葡萄是酸的，这对于葡萄没有什么好处，对于葡萄的拥有者也没有什么好处，它唯一的好处就是缓解了吃不到葡萄的人的认知失调，让他的内心舒服了一点。

认知失调带来的结果，就是使人们在解释一个事情的时候，总是有一个外在理由和一个内在理由。假如外在理由足够强，那么人们的大脑就不再去思考内理由了。

当我们用外在理由来解释生活时，我们的认知失调的确被解决了，但是我们没有调动内在理由。而如果外在的理由没有那么强，我们就可能去寻找内部动力、思考内部理由，这样才会有内部动力去说服自己。

人为什么要读书？读书就是让我们理解很多的道理，这些道理能够帮我们从内部解决认知失调。那么，做一件事情是从内部说服自己比较好，还是靠外部说服自己比较好？孔子讲："求仁而得仁，又何怨？"孔子解决问题的理由和动力都是从内部来的，都是源于他内心的追求，这很了不起。

"认知失调"这个概念，不仅仅可以用来管理自己，还可以用来管理家庭、管理企业。比如，很多人在管理的时候，会希望用威胁、交换、控制、恐吓的方法，觉得这种方法见效快、管用。但是它导致的结果，是被管理者不会有向内部找动力和理由的机会，而只会去外部找理由。

而创业就是一个"向内找"的过程。一个人从打工人转型成为创业者的标志，不是辞职或者注册公司，而是自主转换生活方式和态度。我们选择创业或者不选择创业的核心，在于搞清楚到底要不要自由地活、要不要自己做决定以及要不要成为自己的主宰。

所以我希望分享低风险创业的方法，希望大家能够真诚地发掘自己的内心。创业未必要冒很大的风险，而且可以使自己变得更自由。

发明人创业十分危险

曾有学员向我求助，说："樊登老师，我们是做纳米材料的创业团队，成本很高，以至于推广起来困难重重。但我们很看好这个领域，您能帮我们想想办法吗？"

我隐约察觉到问题所在，便问他："你们是不是几个发明人一起创业？"

这位学员有点吃惊地看着我，说："樊登老师，您一眼就看出来了。我们是一个由发明人组成的创业团队，大家都是博士，做纳米材料已经十几年了，但就是找不到突破口。"

听到这里，我有些遗憾地告诉他："你们要当心了，发明人创业风险很大。"

为什么发明人创业风险很大？因为他爱的不是他要去解决的社会问题，而是他的发明。一旦遇到问题，他想的不是最好的解决方案，而是不管如何，他就是要将他的发明推广到世界的每一个角落，即便撞到南墙他也不回头。

人们经常说"不到黄河心不死"，可发明人在创业时往往"到了黄河心也不死"。我见过很多发明人的创业案例，取得好成绩的寥寥无几。根源在于很多发明人只关心自己的发明，而不关心这个发明到底能解决哪种社会问题。

举一个典型的例子，是我曾经见过的一个项目。有人发明了一件很有意思的东西——自动罩车机。通过各种途径，他找到了我们，说是用了 10 年时间才搞出这一发明，想让我们给他投点钱。

一听花了 10 年时间，我肃然起敬。现在能耐下心来好好琢磨产品的人确实很少了。于是，我问他："你发明罩车机的目的是什么？"

他跟我说："我经常看到有人在路边罩车，操作起来相当麻烦，有时一个人还完成不了，需要两个人配合才行，会浪费很多时间。你看我这个发明，操作起来很简单，只要把罩车机放到车顶上，按一下遥控器，就能自动地把车罩上，再按一下就能自动收起，将车罩放入后备厢，不仅便于操作，携带起来也很简单。"

我又问他："那你希望我给你们投多少钱？"

他一脸自豪地问我："我们团队给这个发明的估值是一个亿，您如果想投资，可以打点折，怎么样？"

我这个人比较直接，便对他说："多谢你的好意，但是非常抱歉，我并不看好你的这项发明，一分钱也不会投。我觉得露天停车本就该面对风吹、日晒、雨淋，压根儿不需要车罩，而且我家还有地下车库，你的自动罩车机完全没有用武之地。"

他有些不服气，反驳道："您的情况有些特殊，可能确实没有罩车的需求。但我们做过调查，2018 年全国新登记的机动车有3172 万辆，机动车的保有总量已达 3.27 亿辆，这是一个庞大的潜在市场。全中国只要有 1/10 的车主罩车，我们就能有 3000 多万的潜在客户。"

听到这里，大家觉得他的逻辑是不是有些道理？是呀，全中国有 3.27 亿辆车，他只要占有 1/10 的市场，就是 3000 多万单的大"蛋糕"，这可是一门大生意，我完全应该对他们进行前期投资。大家别着急下结论，先听听我的看法。

我对他说："你的发明存在几个明显的问题。第一，1/10 的车主会罩车，这是你们想当然得出的数据，我觉得实际上达不到这个人数；第二，在会罩车的车主里边，很多是偶尔才罩一次车，这并不是高频行为；第三，你们发明的自动罩车机，需要放在车顶上，肯定会被人看见，被偷走的概率很大；第四，车罩收起时放在后备厢里，增加了车的重量，这太耗油了，性价比较低。"

我为他发明的这款自动罩车机做了较为详细的点评，也希望他能找准要解决的社会问题。可是，不管我如何劝说，他都难以接受。为什么会这样？因为他创业的目的根本不是从解决社会问题出发，而是从发明本身出发。当他爱上了自己的发明后，一天到晚琢磨的都是这个发明，而忘记了发明的目的应该是有效地解决当前存在的社会问题，而不是带来新的社会问题。

说起发明，大家的脑海里可能会直接蹦出两个名字——爱迪生和乔布斯。托马斯·爱迪生并没有发明灯泡，但他的团队找到了合适的灯丝，这种灯丝能放射出美妙且持久的光芒，于是人类的夜生活开始变得丰富多彩。同样，史蒂夫·乔布斯也没有发明智能手机，但他却颠覆了手机在大众心中的固有认知，用他的话说，叫"重新定义了手机"。

不知道大家是否记得过去的智能手机的模样？诺基亚的智能手机是实体的全键盘，也就是所有的键位都放在手机上。由于按键太小，很多人为了更灵活地使用，不得不将指甲盖削尖，这明显不符合人体工效学原理。

一些用户将问题反馈给诺基亚总部，得到的回复却是"想实现电脑的功能，就得有电脑的键盘"。这几乎成了当时智能手机行业通行的法则，无论诺基亚、摩托罗拉，还是后来流行一时的黑莓手机，都是如此。

然而，乔布斯从来不是一个循规蹈矩的人。他给设计团队下达的命令是"如果你们做不到用一个键解决所有问题，你们这个团队只能就地解散"。为此，乔布斯充分展示了他"暴君"的一面，砸坏了很多手机样本，经常对设计师大吼大叫。目的只有一个，就是把那个圆形按键做出来。最后，他成功了，手机发展史就此改写。

张小龙引用过亚马逊创始人贝索斯的一句话："创新不是基于推理，创新是为人服务，你要不计一切代价展示聪明还是选择善良？"对此我深以为然。当某项发明仅仅是为了展示创业者的聪明才智，而非以社会存在的问题为出发点时，这种创业在大部分情况下会以失败告终。这就好比市面上泛滥的各种"智能产品"。它们真的智能吗？真的能够方便百姓的日常生活吗？还是仅仅为了套上技术创新的标签，最后却被市场遗弃？这是所有创业者都应该思考的问题。

创业是一件令人愉快的事情

　　若是问一个人，你想轻松获得成功还是想通过艰苦奋斗获得成功？大家当然会坦然地选择前者。但是他在实际生活中都是往艰苦的方向走的。为什么？因为他在潜意识中就不接受"人可以轻松愉快地获得成功"这个观点。很多人从小到大被父母、老师、校长种下了一个必须忍辱负重的魔咒，都相信"吃得苦中苦，方为人上人"，这让他们打心眼里不相信一个人可以很轻松、很愉快地创业并取得成功。

　　瑞士心理学家卡尔·古斯塔夫·荣格的那句话振聋发聩："你的潜意识指引着你的人生，而你称其为命运。"如果你在潜意识中根本不相信创业可以很轻松、很愉快，那么就无法做到高速地增长，无法愉快地享受这一切。

　　我曾跟无数人说过："我做樊登读书时感觉非常轻松和愉快。"但却少有人相信，就连我妈都说："不可能，你的心理压力肯定很大。"

我跟她反复说明："是真的，我几乎没有什么心理压力。"大家猜一下她的回答是什么？她说："你是装的。"

说心里话，我的创业过程确实相当轻松，我从来没签过一份合同，没有面试过一个人，连报销单都没签过一份，公司却一直保持着每年 10 倍以上的高速增长。

我每天做的事情，就是在家里边好好读书，读完书后分享给樊登读书的用户，剩下的时间就用于陪家人。如果你真的相信创业可以很轻松，那么你就真的可以像我一样做到。

培训界有句老话，叫"相信才能看得见"。因为相信樊登读书正在做的事情能够为社会做出贡献，所以我相信社会会接纳我所做的东西；因为相信人性本善，所以我相信员工很容易管理；因为我相信读书可以点亮社会，樊登读书的所有员工也相信这件事，所以我认为他们能够比我做得更好。同时，我相信我的渠道商和我一样是理想主义者，他们也愿意为更多的人读到更多的书做出贡献。我相信这一切，所以才能轻松愉快地跟很多人沟通，而不是花大力气去监控公司的整体运营。

假如你不相信这件事情，你的第一反应肯定是：既然下定决心创业，就要做好吃苦的准备，千难万险也要走下去。创业必然危险的观念已经在你脑海中先入为主了。这样一来，你的苦日子便正式开始了。

首先，你得想办法震慑你的员工，如果你没有一定的威慑力，那么员工就会忽视你，各种管理问题便会层出不穷；其次，你要想办法笼络经销商，因为经销商大多各怀鬼胎，会想尽办法占你的便宜；最后，你还要想办法征服客户的心，因为现在的客户越来越挑剔，会无限放大你的产品的缺点。静下心来想一想，你用了大量的力气，做的是什么呢？你在不断地激起员工、经销商和客户的恶意。

西方管理学大师彼得·德鲁克曾说过这样一句话："管理就是最大限度地激发他人的善意。"如果创业者在潜意识中带有大量的斗争色彩、艰苦意识以及人性本恶的假设，那么他所做的各种各样的事情都会不自觉地引发他人的恶意，让企业时刻面临巨大的风险。你会发现做事越来越难，风险越来越大，这种感受又会反过来验证你的潜意识，形成一种恶性循环。反之，如果创业者内心相信自己在为社会做贡献，社会也不会亏待你，此时你会发现周围与"你"为善的人越来越多，你会慢慢地把身边的人都变成好人。

所以，我希望创业者先从心理层面调适自己，你的心中有了足够的阳光和力量，才能让创业的旅途光明起来。可能会有人觉得，我的建议听起来很简单，但无从下手。没关系，你只要记住我的一句话就行了：把创业视为人生的修炼。

如果你一直将创业视为养家糊口的生计，视为跟别人比拼谁更厉害的武器，或者视为金钱的游戏，那么你的人生一定是不停起伏的。生命不息，起伏不止，这是一件挺可悲的事。

但是，如果你能将创业视作人生的修炼，那么你要做的就是保持创业过程的愉快，能否赚到钱只是副产品。如果能赚到钱最好，你可以放心愉快地享受生活。即便你确实没赚到钱，甚至赔了老本，也别太在意。你可以享受岁月的艰辛，享受每一次微小成功带给你的愉悦感。当你有了这样的想法时，即便狂风暴雨真的出现，你也能够享受雨过天晴后的新鲜空气和绚烂彩虹。

不知你们是否怀念过刚开始创业时的日子？那时的你到处跑客户，好不容易谈下一个客户，就能让你异常兴奋，在路边吃一碗拉面庆祝一下。我这么说，或许会让很多创业者会心一笑。是呀，哪个人的创业过程不是生于毫末？就连任正非也有亲自跑客户的时候。很多人会特别怀念那段艰苦的岁月。但是，当这种艰苦真的在你身边发生时，很多人又会哭爹叫娘，这本身就是一种不成熟的人生观。

一旦你能将创业视为人生修炼的过程，你会发现，创业这件事本身就是一件令人愉快的事情，不赚钱的时候才是你修炼最快的时候。

2

创业从找到
好问题开始

有句老话叫"方向比奔跑重要，选择比努力重
要"。找到好问题是创业的第一步，你得主动去
寻找问题，才能准确找到自己的创业方向。能
不能解决、解决到何种程度，这些都是后话，
前提是你得去寻找。

从抱怨中发现低风险创业的机会

前文提到，低风险创业的核心逻辑是"优雅地解决一个社会问题"，而解决问题的第一步在于找到问题。那么，如何找到问题，你应该去哪里寻找低风险创业的机会呢？我总结了三点：抱怨、洞察和体验。在这一节里，我们主要来说说"抱怨"。

在我看来，创业者在寻找问题时最应该做的事情，就是经常收集抱怨，你要看到身边有哪些人在抱怨哪些事情，这是非常重要的一条创业途径。

很多人一听到"抱怨"这个词就生气，说"这是负能量""经常抱怨的人没有未来""不许抱怨"。殊不知，在说"不许抱怨"的时候，你或许已经与一大笔财富失之交臂。要知道，抱怨中很可能含有很好的低风险创业机会。

Facebook 最早只是哈佛大学校园内部的产品。我记得马克·扎克伯格在接受采访时曾透露，当时他听到很多同学在抱怨，说寻找其他同学的联系方式有时很难，应该有一个哈佛大学的花名册Facebook，而要从学校的层面来推动这件事显得尤为困难。扎克伯格觉得自己能比学校更快、更好地做出来，Facebook 就是这个抱怨的产物。

我可以再举几个大家身边的例子，比如经常外出办事的人抱怨"打车越来越难"，所以有了滴滴打车，有了共享出行；早晚高峰上下班的人抱怨"从地铁口到单位的路程太远，经常迟到"，所以有了 ofo 和摩拜，有了红极一时的共享单车业务；再比如过去经常有人抱怨"方便面不好吃，总是那几种口味，经常吃不健康"，所以有了美团和饿了么，有了现在异常火爆的互联网外卖行业。

贝索斯曾说，人们总是在思考未来十年会发生哪些变化，为什么不想想在未来的十年里哪些事不会变呢？比如人们总希望花更少的钱买更好的东西，这件事不会变。他后来就在这件事上下功夫，就这样创立了亚马逊。

其实，樊登读书也是抱怨的受益者之一。大家在逛书店时，应该经常听到有人抱怨"这么多的书，根本没法挑"。这句抱怨有没有让你联想到什么？你是不是想过应该每周给有需求的人推荐一本书？这不就是樊登读书正在做的事情吗！当然，在此基础上，樊登读书又做了很多延展和创新，但灵感的来源正是这些有抱怨的爱书人。

"这么多的书，根本没法挑"，这句抱怨的解决方案可能有很多，樊登读书想到了其中一种，而日本的森冈督行想到了另一种。

日本银座有一家线下实体书店，叫森冈书店，一周就卖一本书。这间只有 15 平方米的书店，全部由店主森冈督行一人策划设计。书店的内饰摆设堪称极简：一盏灯、一个柚子、一张桌子、一个老式柜台、一部电话、一种书、一个人。这就是你能看到的所有装饰，给我留下了深刻的印象。听说这种设计风格还让森冈书店获得了 2016 年的 iF 设计大奖。在这里，爱书的人们不必担心选择太多而无从下手，一周只卖一本书反而让读者更坚定了自己的选择。

森冈督行曾任职于一家旧书店，做了 8 年之后，他有了自己开店的想法，而后用尽积蓄开了一家旧书店，也就是森冈书店的前身。当时那家书店有 50 多平方米，摆放了几百本书。大家要知道，图书的利润很低，单纯卖书其实挣不了多少钱。尽管森冈督行竭力经营这家书店，但这家书店最后依然难以为继。

后来这个小伙子想：我能不能每周就卖一本书呢？比如这周我卖樊登的《低风险创业》，就在书店正中的桌子上摆满《低风险创业》，周围堆着《低风险创业》，墙上全是樊登的大幅海报，让读者知道《低风险创业》这本书的重要性。

在确定了经营模式之后，更重要的事情是如何选出每周的主打书。这可不是一拍脑袋就能决定的事情，银座的租金有多贵，相信大家都知道。尽管森冈书店的面积只有 15 平方米，可是对书店来说，其租金已经是极为高昂的成本。一旦主打书选得不好，没有赢得顾客，很可能这周就会亏本。

为了解决这个问题，森冈督行和他的团队阅读了大量的图书，罗列出图书的出版信息、作者信息、其他书店的销售信息、用户的读书兴趣等，从中找出读者可能最感兴趣或最想推荐的书。

光找到一周的主打书还不够，森冈督行还会为这本书的作者举办活动，开发周边产品，力求将书读透，将其完整地呈现给顾客。

听起来，这就像是一次非主流的实验，最后的结果如何呢？每个进店的人几乎都会买一本本周的主打书。森冈书店至今已经营了10多年，生意一直很好。

这就是抱怨中潜藏的创业机会。每当你听到身边有人在抱怨的时候，你都可以想一想，有没有可能从这个抱怨中找到未来发展的路。能想到解决方案自然最好，实在想不到也没有关系，起码你锻炼了自己的商业嗅觉和思维能力。尽管暂时还没有找到合适的办法解决某种抱怨，但随着时代发展的脚步，或许某种新兴科技的出现就能让你找到合适的解决方案。要知道，如果智能手机和移动互联网没有普及，肯定也不会有今天的樊登读书。

现在开始，倾听身边那些抱怨的声音，从这些声音中找到客户真正需要的点，然后着手解决。低风险创业，有时就是这样简简单单地开始的。

深入洞察客户的生活和灵魂

说完了抱怨，再来看看洞察，这是找到问题的第二个灵感来源。很多市场机会其实无法从人们的抱怨中获得，这时就需要用到洞察。有一个形象的比喻："洞察的核心就是你要把你的脚放在别人的鞋子里，你要能够设身处地地去体会。"

乔布斯说过一句颇为经典的话："我们不会到外面做市场调研，只有差劲的产品才需要做市场调研。"客户永远只会对自己已知的事物有需求，并且需求主要表现在更好、更多、更快、更便宜等方面，难有其他更多的需求。

当年大家在用诺基亚和摩托罗拉手机时，有没有想过手机只需要一个键就能实现全部功能？压根儿想不出来，大家能想到的只是手机的质量能不能更好、电池能不能更耐用、价格能不能更便宜、外形能不能更亮丽……可以说，在这些方面诺基亚已经做到了极致，然而它依旧败给了乔布斯的颠覆性创新。

乔布斯的观点源自汽车大王亨利·福特的名言:"如果我当年去问顾客他们想要什么,他们肯定会告诉我'一匹更快的马'。"在汽车普及之前,人们最熟悉的交通工具是马车,这时候问客户,他自然会说马车,而无论如何也想象不到"四个轮子的钢铁怪兽"。

像汽车和苹果手机这种颠覆性的创意从何而来?创意肯定不是来自当前客户的抱怨,而是来自我在这一节中要着重介绍的洞察。什么叫洞察?洞察就是深入客户生活和灵魂中的观察。你要比客户还了解他,将自己彻底带入他的生活,这时你才能够洞察一些机会。

1. 做乙方的风险系数极大

不知道各位有没有看过一本老书,书名叫作《创新的艺术》,作者之一是著名创新设计咨询公司 IDEO 的老板汤姆·凯利。IDEO 曾是美国最具创意能力的公司,他们帮苹果公司设计了脍炙人口的第一款鼠标,帮沃尔玛设计了可以轻松操作还能让孩子坐在里边的手推车,还帮佳洁士设计了既能拧又能掰的牙膏盖。

说到这里,我给做乙方的创业者提个醒。IDEO 公司做的就是乙方,而且是全世界最棒、最有名的乙方,但它所做的每一个创新,都需要投入极高的研发成本,却只能获得一次性的回报,风险系数极大。就算这种回报的数额再大,依然具有不可复制性,换一个甲方,你就得重新再来一回。因此,我一直认为做乙方的生意模式非常危险，当你江郎才尽的那天，就是公司倒闭的日子。

2. 洞察客户的生活和灵魂

言归正传，汤姆·凯利在介绍创意来源时，着重说的就是洞察。在他看来，客户都是"傻瓜"，或者说远不如自己高明，因为客户根本不知道自己需要的是什么。汤姆·凯利的这种观点影响了很大一批人，也成就了很大一批人。

有一次，汤姆·凯利在波兰做关于洞察的主题演讲，台下冲上来一名观众要跟他合影，并鞠躬致谢。汤姆·凯利很纳闷，便问他原因。这名观众解释道："我听你说要洞察，回家就照做了，很快就发财了。"

这个人是做什么的呢？他是在火车站卖冷饮的。之前他的生意非常清淡，听了汤姆·凯利的演讲后，他就每天站在站台上观察乘客。时间一长，还真被他观察出门道来。

他发现，很多乘客在上车之前，会先看一眼他的冷饮摊，再看一眼手表，看完表后也不买冷饮，直接上车走了。但此时离开车还有一分钟时间，足够乘客购买冷饮。为什么乘客没有这样做？原因在于人类有时候是非理性的。

这里的非理性是由紧张感造成的。虽然离开车还有一分钟，明明可以购买冷饮，但在心理紧张的情况下，乘客更倾向于不决策。

找到了问题，那该如何解决呢？这个人的解决方法超级简单，但却极其有效。他花了 5 兹罗提（波兰的货币单位）去超市买了一个走时精准的钟，放在了冷饮摊前。就是这样简单的举动，让他的冷饮销量翻了一倍。乘客在上车之前一扭头，能够连钟带饮料一览无余。当乘客能够充分掌握时间时，就不再紧张，而是选择走到摊位前，看着钟购买冷饮，买完再上车离开。

5 兹罗提的投入，换回双倍的销量，秘密就在于洞察。如果创业者能够掌握洞察的技巧，会发现生活中有太多太多的创业机会。我讲过一本关于洞察的书，中文名字叫《痛点：挖掘小数据满足用户需求》，作者是马丁·林斯特龙，还讲过他的另外一本书，叫《感官品牌》。

马丁·林斯特龙专门从事销售研究，但不相信大数据。在他看来，依据大数据所做的决策可能是对数据资源的浪费，而且未必准确，实际情况与大数据分析出的结论没有因果关系。做营销的人一定要能找到事物间的因果关系，所以他将大量的时间花在洞察上，通过洞察来设计产品。我跟大家分享一个书中介绍的经典案例。

马丁·林斯特龙在为印度的一个洗衣粉品牌做市场策划时，每天都住在当地不同的人家中，看当地人洗衣服，并问他们洗衣服时还需要哪些改进。被问到的人大多一问三不知，偶尔有人能给出几个答案，还总是说不到点子上。

前文说过，客户永远不知道自己需要什么，可市场策划还是要做，马丁·林斯特龙便拿出了自己的招牌技能——洞察。他发现，大量的印度女性每天都会洗衣服，却很少有男性参与其中。这是因为在印度人的传统观念中，洗衣服是女人的事情。这种观念导致大量的家庭矛盾，家里的女人纷纷抱怨男人不干活儿，一边抱怨一边无奈地接受现状。

洞察有了收获，马丁·林斯特龙很快便开发了一款新的洗衣粉产品。大家猜猜是什么？可能有不少人能猜到。洗衣粉还是那个洗衣粉，不同之处在于，马丁·林斯特龙在洗衣粉外包装的底部加了一句醒目的广告语："此洗衣粉同样适用于男性。"

很简单的一句话，为该洗衣粉品牌带来难以想象的销售狂潮，家庭主妇们疯狂抢购这款洗衣粉。抢购的目的不是自己用，而是买回去放在家中，提醒家里的男人：你也可以洗衣服。

除此之外，马丁·林斯特龙为了配合这款洗衣粉的销售，还组织了一次网上签名活动，让印度男性签名承诺"愿意帮太太洗衣服"。活动推出后不久，便引爆了印度的社交网络，超过 300 万的印度男性参与其中，许多人跟帖承诺，这成了印度营销史上的一个里程碑。

这是非常经典的一个洞察案例，马丁·林斯特龙为此并没有花费多少金钱，他只是每天住在印度人家里，吃着印度人的咖喱饭，盯着印度人洗衣服，寻找可能存在的问题。

再说一个马丁·林斯特龙的故事，这次他的"主攻山头"是印度的调料市场。相对而言，洗衣粉在印度的主力消费群体只有一个，马丁·林斯特龙只要想尽办法洞察印度女性的需求并加以解决就好，但印度的调料领域消费市场却分为泾渭分明的两大群体——婆婆和儿媳，双方力量相当，各占一半市场。很有地位的婆婆对马丁·林斯特龙说："家里都是我说了算。"儿媳却背地里偷偷告诉他："别听她瞎说，家里的饭都是我做，用什么调料我说了才算。"这下如何是好？若是换了你们，你们会怎么做？马丁·林斯特龙给出的解决之道还是洞察。

通过近距离观察，他发现在印度，儿媳大多喜欢素色，而婆婆因更偏向于穿着纱丽（又称"纱丽服"，是印度等南亚国家的女性的一种传统服装，以丝绸为主要材料制作而成），因此喜欢绚烂多彩的颜色。这两种完全不同的消费偏好，是马丁·林斯特龙第一层次的洞察结果。别忙，他还有第二层次和第三层次的洞察。不得不说，他真是一位喜欢洞察并善于洞察的市场营销专家。

除了消费偏好，马丁·林斯特龙还发现了一个很多人不会留心的细节——身高差。可能是由于营养条件和成长环境的不同，在印度，婆婆的个子普遍偏矮，而儿媳则会高出一大截。关于这一点，各位如果经常看印度电影就会有所体会，老人家大多又矮又胖，而年轻人则高挑修长，这是马丁·林斯特龙第二层次的洞察结果。

此外，不管购买者是婆婆还是儿媳，家里孩子的喜好都是她们会重点关注的，这是马丁·林斯特龙第三层次的洞察结果。调料能否迎合孩子的喜好，也会直接影响产品的销量。

　　结合以上三点，马丁·林斯特龙给出了自己的解决方案。调料的味道还是那个味道，但包装变了。他设计了一个包装瓶，下半部分是彩色的（迎合婆婆的喜好），上半部分是素色的（迎合儿媳的喜好），从上往下看的时候几乎是素色的（儿媳个子高），从下往上看的时候几乎是彩色的（婆婆个子矮）。

　　第三层次洞察出的问题该如何解决？在印度，法律明文规定不许拿任何小孩做广告，孩子的形象不能出现在任何包装上。这可难不倒马丁·林斯特龙，他在调料的外包装上印了一个给小孩喂饭吃的小勺子，大家一看就知道这款调料适合孩子食用。

　　由于同时解决了三大问题，婆婆们认为这是为她们量身打造的产品，而儿媳们则认为这是她们的不二选择，又能满足家中孩子的食用需求，这款调料一经推出便引爆市场，甚至形成了一种消费潮流，以至于印度的社交媒体上出现了这样的段子："印度女性不是在家中使用 ×× 调料做饭，就是在购买 ×× 调料的路上。"

　　在人类历史上，伟大的东西很少是自上而下发明的，大多数了不起的东西都是自下而上产生的。就是有一个像马丁·林斯特龙、大卫·奥格威这样的人通过思考、摸索、调整、改变，最后做出一个了不起的好东西。

　　这就是洞察，洞察是多方观察后形成的立体结果，千万不要因为洞察了某一结果就沾沾自喜。越往深处挖掘，你的收获就会越大。我再次强调，要想真正洞察低风险创业的机会，创业者必须进入客户的生活，跟他的灵魂融为一体，从他的角度来看待这个问题应该如何解决。

我在创建樊登读书 APP 之前，跟身边的很多人聊过这个想法，想看看他们是怎么读书的。我洞察的结果是现在有很多人根本不读书，包括一些高级知识分子。他们不是不想获得新鲜的知识，只是懒得花时间去读书而已。

我甚至听说，有一个北京的房地产商特别有钱，为了学习新东西雇了两个大学老师，每月给每个人支付 3 万块工资，让他们读书并提取干货，然后在他跑步的时候为他讲解书中的要点。

在听说这件事之后，我洞察到了这门生意的巨大前景，因此樊登读书的小伙伴在设计产品的应用场景时，将重心聚焦于用户每天早上洗漱或洗澡时、上班路上、回家途中、做家务时和睡觉前。很多人告诉我，他们会一边洗澡一边听我讲书，这就是洞察的力量。

忘掉你的创始人身份

　　菲利普·科特勒被誉为现代营销学之父，我非常喜欢他的一句话："严格来说，其实根本不存在产品，客户唯一为之付钱的是体验。"正因如此，我将"体验"列为低风险创业的第三个灵感来源。

　　所谓体验，就是忘掉你的创始人身份，把自己当成普通的用户，亲自试用自己的产品。体验的关键在于忘记自己的能力、背景和身份。微信产品负责人张小龙有一个观点，颇为业界同人称道，他称之为"小白"模式，即像"小白"一样思考如何做产品。这与我的理念不谋而合。

　　大家不要误会，在我看来，"小白"绝没有侮辱人的含义。世界上没有全知全能的人，"生而知之"的故事永远只是传说。在面临自己不熟悉的领域时，人们的普遍状态是一无所知，专家毕竟只是少数。从这个角度来说，绝大多数人都是"小白"。

1. "知识的诅咒"会放大创业风险

行业专家最容易犯的一个错误，就是把自己的位置放得太高，过于看重个人的感受。他们对行业十分熟悉，以致形成了惯性思维，人为放大了创业的风险，我将它称为"知识的诅咒"——当你在某个领域浸淫日久，脑海中充斥着过多专业知识时，就很容易为这些专业知识所累，认为其他人都具备与自己一样的职业素养，这是低风险创业一定要规避的误区。

比尔·盖茨是我一直以来都很崇拜的商业前辈，没有他就没有后来的 PC 时代。然而，人无完人，他在体验方面也存在比较明显的问题。Windows 的确是一个跨时代的产品，但肯定算不上完美的产品，存在着各种 bug，隔几个月就要升级更新一次，否则运行速度就会大幅降低，影响用户体验。

为什么会这样？原因其实很简单，对于比尔·盖茨，Windows里边所有的 bug 都算不上 bug，他本人就是研发人员出身。对于一些小 bug，他自己就能解决了，即便没那个工夫，随便打个电话，就能让微软的高级软件工程师为他排忧解难。像我这样的普通Windows 用户可就没有这个待遇了，我如果遇到了 bug，能做的只有抱怨。除非系统崩溃，谁也不可能打电话让专业人员上门帮你解决几个小的操作问题，毕竟现在的人工成本和上门费可真不便宜。

"阳春白雪"确实好听，但"下里巴人"听不懂。你的"匠心独具"，在别人看来或许是"多此一举"。公司需要盈利，"下里巴人"都不买账，利润从何而来？吾之蜜糖，彼之砒霜，说的就是这个道理。

樊登读书的 APP 刚上线时（那时还叫樊登读书会，改名为樊登读书是 2018 年下半年的事情），就收到了大量用户和代理商的负面反馈。有些人还能一一指出问题所在，有些人干脆就开骂了："这个 APP 就是个垃圾，页面乱七八糟的，玩不了，APP 的功能设置也不合理，很多内容的入口根本不知道在哪儿。"

为了解决这个问题，我找来负责研发的产品经理了解情况。他跟我说："APP 的设置肯定没问题，是那些用户和代理商自己存在问题，他们需要多学习如何使用 APP，在他们掌握了一些 APP 的使用技巧后，就会发现樊登读书的 APP 特别好玩了。"

我一听产品经理的说法，马上知道了问题出在哪里，这属于典型的"没有体验直接上线"。客户觉得使用困难，产品经理为何觉得简单？因为他学过专业的编程知识，头脑中已有对 APP 的固有认知，对使用方法非常熟悉。但是用户不同，大多数用户判断一个 APP 是否好用的标准，就在于前端界面的设计是否简单明了。如果找不到入口就会认为不好用，用户的逻辑十分简单、直接。当下在各种应用商店中，有琳琅满目的 APP 产品，用户的选择空间比过去大得多，你凭什么认为他们有耐心学习怎么使用樊登读书的 APP，而不是把它直接卸载了？

想要提升用户体验，自己就得先行体验。如果连你都不满意自己的产品，就别指望市场会给你带来鲜花和掌声。于是，我强制要求团队的每个人都去开卡，不仅自己体验，还要找身边的人一同体验。找到一个问题，就修正一个问题，直到大家都能随意顺畅地使用。

这是樊登读书曾经走过的弯路，希望能够给每一位渴望低风险创业的朋友敲响警钟。如果不去进行这样的体验，在产品上线前不一次又一次地试用，你就根本搞不清楚好的产品是怎么打磨出来的。

2. 从用户角度体验产品

我在各种场合多次强调：体验对创业者来说，是非常重要的一个环节。你们在研发产品的时候，请先去掉身上的光环，千万不要从创始人的角度看待自己的产品，而要把自己当成一名普通的消费者。如果不能从用户角度思考，你就会理所当然地犯一个错误——认为对于你做的每个产品，用户都会认真学、认真用，这是创业者的大忌。创业者必须具备快速切换到"小白用户"角度的能力，学会自己先去体验，然后让你的员工以及他们的家人也去体验。

宝洁公司在总部设立了一个占地面积几千平方米的大超市，用于模拟一般超市的日常经营状态。在这个超市里，宝洁公司的员工只做一件事情，就是不停地用各种方式摆放宝洁产品，横着摆，竖着摆，这样摆，那样摆，每天想的就是怎么摆放更合理，更能吸引顾客的目光并让其买单。他们不仅自己研究，还会不定期地随机邀请一些人前去购物，然后暗中观察这些人的购买方式，看看货物摆放位置的变化是否会影响顾客的购买体验。

说到这里，我再给大家推荐一本书，美国著名的消费行为学研究专家帕科·昂德希尔写的《顾客为什么购买》。帕科·昂德希尔通过跟踪观察购物者，分析他们的购买行为与消费心理，为商家总结了可参考和可借鉴的消费者购物行为经验，也提供了应对这些消费行为的对策和良方。

按照书中的说法，帕科·昂德希尔和他的团队在事先选定的消费者的肩膀和帽子上，各装了一个摄像头，然后让他去逛街购物，通过摄像头把他买东西的全过程记录下来，分析他做出这种购买选择的内在原因。

通过观察，帕科·昂德希尔发现了一件令人意想不到的事情：当一名消费者挑选商品时，只要身体被人蹭过三次，他就会停止这次购买行为，转身离开。打个比方，你正在某运动品牌专卖店里选鞋子，突然有人过来碰了你一下，你会想："讨厌，走路也不当心点，没看到我在这儿吗？"当第二次被触碰时，你想的可能是："真不识趣！"当第三次又被触碰了，你就很有可能不高兴地转身离去。

帕科·昂德希尔将他发现的这一现象命名为"接触效应"。这种事情如果不拿摄像头记录下来，你根本就不会知道。可能有的创业者会说："这种事情听听就好，对我的生意没有什么帮助。"如果你这样想，那可就大错特错了。

为了追求更好的位置，一个领带专柜将柜台从人流的动线旁边挪到了动线中，前后距离相差不过两米，但销量却下滑了一半。柜员们很是不解，明明有了更好的位置，为什么销量不增反降？他们为此做了深入的调查研究，发现罪魁祸首正是"接触效应"。因为柜台的位置挪到了动线中，顾客们在挑选领带时经常会被路过的人不小心碰到，次数多了，顾客们就失去了购买意愿。

无独有偶，一个经营老年用品的公司将产品放在了食品饮料专区的通道上，希望借着商场里食品饮料的高人气提高老年用品的销量。愿望是美好的，可结果却令他们大跌眼镜——销量暴跌，原因还是"接触效应"。在商场的食品饮料专区里，经常会有小孩子跑来跑去，原本有意愿购买老年用品的消费者一看孩子多，心生恐惧，担心磕着碰着，纷纷打消了购物的念头。

这就是生意的机会，生意的机会来自观察和体验，来自不断地寻找最好的解决方案。在做任何产品时，不管是互联网产品、除甲醛产品，还是用于拉伸锻炼的产品，你一定要深入落实好我说的这三大灵感来源——寻找抱怨、洞察和体验。只有这样，你才有可能打造出真正解决问题的产品，才有可能探寻到低风险创业的真实出路。

找到宏大的变革目标

前面谈的都是创业者如何准确地找到社会问题，接下来我想聊聊找到问题之后，如何判断它的好坏。我给出的第一个评判标准，叫"够不够大"。如果你的创业项目解决的问题是一个小问题，就会给你带来很大的风险。当然，我说的大和小不是指项目规模的大和小，而是指市场规模的大和小。

1. 找到的问题要足够大

在具体展开这个话题之前，我先提醒每位创业者：没有产品能够讨好所有人，切勿在创业之初就试图做一个上到 80 岁老人下到 3 岁孩子无人不用的伟大产品。有没有人觉得我的这几句话自相矛盾？一方面要求问题要足够大，要覆盖尽可能大的潜在市场，另一方面又说问题无法覆盖所有人。是不是这样？对，这确实有些矛盾。但这个矛盾，一旦放在中国这个全世界最庞大的消费市场面前，自然迎刃而解。

我创业时做的第一个项目是华章教育，是一家MBA（工商管理硕士）的专业培训学校，主要辅导学生考上名校的MBA，做到了业内第一的名校MBA联考升学率。我是董事长，但那家公司一直都做不大，大家想想原因是什么。

对，原因就是市场规模太小。当时，全中国一年的MBA考生也就一两万人，就算每人的学费是1万块钱，整个盘子也就一两个亿。这两年，各大名校的MBA略有扩招，现在的市场规模可能达到了三四个亿，但相比高达千亿的人工智能和大数据市场，依然小得可怜。辛辛苦苦将华章教育做到了行业第一后才发现，企业一年只能挣几百万。虽然确实能赚钱，但现在看来，这并不是一个合适的创业项目。

我进入教育培训领域是在2001年，当时国内的教育市场大有可为，到处都有人在跑马圈地，而华章教育选择的是市场规模只有一两个亿的MBA培训。

如果当时的我能像今天这样，想明白整体市场规模对创业者的影响，很可能会选择公务员考试培训或其他考试类培训的创业方向。这些方向的市场空间远大于MBA培训。而MBA培训领域至今也没有一家上市公司，华章教育已经是其中规模最大、知名度最高的公司，年利润也只有几百万，远远够不上国内主板市场的基本要求（现在上市的要求是发行人最近三个会计年度净利润均为正且累计超过 3000 万元)。

很多年轻的创业者在决定走上创业道路时，就像我当年一样，觉得一年能挣几百万元的生意就已经值得尝试了。但是我告诉你，等你真的在这个市场中做大后，你会发现，稍一抬头就会碰到行业的"天花板"。

企业发展的停滞，会给创业者带来难以想象的压力和痛苦，这时该如何是好？是走还是留？我当年就经历过这个阶段。想换行业试试，又舍不得之前付出的努力和取得的一丁点儿成就；想留下来继续干，却又眼瞅着创业伙伴陆续离我而去。每天都过得痛苦而煎熬。

再举一个例子。如果你想摆一个早餐摊，能不能为社会解决问题？当然可以，你解决了附近小区的居民吃早餐的"历史难题"，但这个问题是否足以支撑一个行业，是否足以支撑起一个巨大的市场？这就要打一个问号。

餐饮市场确实体量庞大，像庆丰包子铺，一样能够做到全国知名，年均营业额几个亿。但在你雄心万丈之前，先要掂量一下自己：是否有足够的能力和胸襟？你要做的到底是早餐摊，还是连锁店？

2. MTP：宏大的变革目标

这里给大家介绍一个概念——MTP，Massive Transformative

Purpose 的首字母缩写，翻译为中文就是宏大的变革目标。MTP 指的是你找到的目标市场一定要足够大，而且存在问题，存在变革、解决的空间。什么叫宏大？就是这个目标能够让你想起来就十分激动，就算不赚钱也要坚持把这件事做下去。

足够鼓舞人心的 MTP，本身就是一种低风险创业的竞争优势，它会鼓励人们创造出自身的社区、群体和文化。谷歌的 MTP 是"管理全世界的信息"，微软的 MTP 是"让全世界的办公电脑用上微软的软件"，优衣库的 MTP 是"用最低价提供最高品质的衣服"，索尼的 MTP 带有明显的民族色彩——"扭转日本产品在全世界的劣质形象"，迪士尼公司的 MTP 则寓意深远——"为人们制造快乐"，百胜的 MTP 是"为全世界提供优质餐饮"，是不是都很激励人心？再来看看三星公司，它的 MTP 是"产业报国"，就是通过自己的产业报效国家。

一旦你能找到一个 MTP，创业就变成了很有意思的一件事，你就能说服其他人跟你一起来实践这个梦想。当樊登读书提出"帮助 3 亿国人养成阅读习惯"时，我知道我们找到了这个 MTP。

"帮助 3 亿国人养成阅读习惯"这个口号不是我第一个提出来的，我自己都不知道为什么说的是 3 亿，而不是 2 亿或者 4 亿。很多人问我："樊登老师，3 亿这个数字是怎么来的？你们是怎么算的？"我只好略带尴尬地告诉他："对不起，我没算过，团队就是这么说的。"

虽然我不知道 3 亿这个数字的出处及准确性，但不可否认，这句话确实很管用。很多人正是被樊登读书的 MTP 感召，想为这 3 亿国人做点贡献，才加入我们的队伍，打造了遍布全国各地的授权点。

创业时的初衷对每一位创业者来说都至关重要。明白自己想为这个世界解决多大的问题，然后用 MTP 的方式描述出来。它既包含足够宏大的市场前景，又有可以发力解决的问题，同时还是一个伟大的目标。有了 MTP，你会发现创业不再是一件风险极大的事情，优秀的人才和其他资源都会自发聚拢到你的身边，让你的每一步都走得坚实，又充满希望。

在客户最痛的点上突破

上一节的主题是 MTP，讲的是创业之前你要找到足够大的社会问题。但是，对客户而言，相比你能否改变世界，他们更关心的是你的产品能否解决他们的痛点，真正改变他们的生活。这是评判你找到的问题好坏的第二个标准：够不够痛。

不知道大家对 20 世纪 90 年代的移动电话是否还有印象。就是看起来很像板砖的"大哥大"。现在的年轻人，尤其是 90 后，可能很难想象那么重的移动电话竟然要卖 1 万多元。当时的 1 万多元大致相当于现在的 10 万元。是不是难以理解？但在那个年代，大哥大却成了身份的象征，即便价格高昂依然有人乐意购买。

原因何在？因为它解决了边走边打电话这个大家一直以来的痛点。过去的电话都是固定的，只能在办公室或家里守在电话机旁打电话。但在"大哥大"横空出世之后，你走在路上也可以打电话了。解决了这一痛点之后，即便它又大又重，价格还很贵，客户也愿意争先恐后地为其买单。

要想让客户日久生情，首先得让客户对你的产品一见钟情。怎么才能做到？那就是找到让客户最痛的那个问题，并加以解决。如果你找到的问题不那么痛，事情就糟了。

打个比方，如果你做的是形象顾问生意，你会发现消费群体主要不是男性，而是女性。为什么呢？这里边的门道其实一点就破。对于男性，外在形象管理并不属于多么痛的痛点，很多男生每天都穿一样的衣服，自我感觉还挺好。

马克·扎克伯格曾经公开了自己的衣柜，这位 Facebook 的创始人堪称目前全球最有钱的 80 后，衣柜中却只有三种衣服：牛仔裤、灰色 T 恤和帽衫。不是只有三件，而是三种，每种都买了一大排，全都一模一样。按照扎克伯格本人的说法，他想让生活简单些，并把时间用在最有用的地方，而不是花在每天精心挑选出门的衣服上。

我对外在形象的要求也不高。由于职业的关系，我属于典型的"空中飞人"，一天之内辗转三个城市对我来说是家常便饭。那么，你们知道我的行李箱有多大吗？可能很多人猜不到，我出门一般不带行李箱，只带一个双肩背包。即便出门七八天也不怕，我只要保证里边的衣服可以时常更换就好，外套基本不用换。鞋子也是如此，我很少穿皮鞋，一双跑鞋足够我应对大多数场合。

其实男性对自己的穿着要求很随性，没有多少人愿意把有限的时间浪费在穿着打扮上。这就意味着形象管理并不是男性的痛点所在，你没找到客户最痛的那个问题，客户自然不会付费。反观女性就完全不同了，我见过一个主打女性身姿矫正的公司，痛点就找得很准。

那家公司所谓的身姿矫正，就是让女性站得更挺拔。公司宣称，女性若是身姿挺拔，可以达到减肥的目的。另外，身姿好了，气质也会变得与众不同，能够赢得更高的回头率。

可能是因为国内做身姿矫正的公司并不多见，其收费标准很高，大概是人均 80 万元。即便如此，这家公司每天依然宾客盈门，生意好得不得了，客户还得预约排队，一排就是半年。我认识的一个女孩就是他们的客户，她调整身姿的意愿相当强烈，连排队的时间都等不及，希望这家机构能够让她提前矫正。对方的回复很简单："插队可以，得另加 20 万元，总价需要 100 万元。"这个女孩二话不说，很高兴地就转了 100 万元给对方，这是我亲眼所见的真人真事。

让客户愿意花 100 万元用于矫正身姿，钱花了之后还很高兴，这里所解决的痛点才叫作足够痛的痛点。一个问题痛不痛，有多痛，完全取决于对方的感受。我属于比较理性的那种人，痛点很少，如果你想做我的生意可能得颇费一番脑筋。

我很少购物，也对购物不太感兴趣。前段时间，我带樊登读书的一些会员去欧洲游学。临行前，太太让我多带些钱，说那边物价便宜，让我为自己采购点好东西，我答应了。我到了欧洲一看，压根儿不是那么一回事。

出门吃饭或喝咖啡，同行的人都抢着买单，没给我留下多少花钱的机会。很多男士到了欧洲之后会买块好表，说是能升值。但我理性地思考了一下，既然能升值，为什么二手表卖得比新表便宜一半左右呢？这个说法显然站不住脚。前文说了，我对衣服的需求并不高，排队退税还得花很长时间，不太值当，所以也就没有为自己添置衣物。回国后一算，我这趟欧洲行总共只花了100欧元左右。

遇到像我这样理性的客户，其实是很多创业者的噩梦。我几乎没有痛点，也就没有让其他人赚钱的机会。相对而言，女人和孩子的钱更好赚，他们的痛点多，从他们身上更容易找到低风险创业的突破口。

我太太也是个创业者，做的是抗衰老生意，她找到的痛点是女人怕长鱼尾纹。她发现，大多数女性对鱼尾纹相当敏感，其实也就是对年龄敏感，一看到自己有了鱼尾纹，就会感叹"韶华易逝，美人白头"。为了去除鱼尾纹，很多女人可以花大价钱，甚至掏光口袋。

在我看来，这明显是一种不理智的行为。人都有老的那天，接受这个事实就好，你可以从气质、内涵等多方面进行弥补，每个年龄段有每个年龄段的优势，强扭的瓜反倒不是那么甘甜。但大多数女性朋友不会像我这样想，她们很抗拒衰老这件事。对她们而言，衰老就是让她们最痛的痛点，简直痛彻心扉。创业者要找的就是这样的痛点，只有在客户最痛的点上突破，才能在最短的时间内获得客户青睐，才能最大限度地降低创业风险。

真痛点和假痛点的博弈

创业的目的是解决人们存在的某个问题，但问题会对应不同种类的痛点。客户对有些问题的感受可能并没有那么痛。如果你做出的产品成本不是很高，客户可能也会使用，但是没有它，客户的生活也不会受到明显影响。那些真正的痛点问题，已经都被解决得差不多了，你要真能找到当然最好，实在找不到怎么办？别着急，痛点也分真假，你并非只有一条路可走。只要你肯用心洞察和体验，就会找到低风险创业的突破口。

1. 学会区分真痛点和假痛点

比如，人们买车的目的，是让汽车将自己从一个地方快速送到另一个地方，安全、准时地抵达目的地才是购车者的真正痛点，但这绝不意味着这里边就没有其他低风险创业的可能。

在我看来，痛点其实分为两种——真痛点和假痛点。真痛点就不用说了，前文已经做了充分阐述。那什么是假痛点？我并不是说这种痛点子虚乌有，而是说与真痛点相比，它会显得不那么痛苦。

2. 真假痛点存在博弈的过程

此外需要提醒的是，真假痛点并非一成不变，而是存在一个博弈的过程，会随着技术水平的发展和消费者需求的变化而改变。

前文说了"大哥大"的案例，移动电话后来逐渐演变，体积开始变小，有的产品甚至做到只有掌心那么大。我记得苹果公司推出的第一代 iPhone 屏幕只有 3.5 英寸，整个手机大概和人的手掌差不多大小。

为什么会出现这种变化？那是因为移动通话这个真痛点已经被解决了，这时便携性便由假痛点变为真痛点，如何让手机更便于携带成了当时手机厂商最为关注的焦点。

时日未久，手机又开始慢慢变大，你看现在的苹果手机，一款比一款大，还推出了 Max 款型，将大屏手机推向了极致。

为什么又变大了呢？因为在这个时候，移动通话和便捷性都已不再是真痛点，手机变得越来越智能化，真正的痛点变成了消费者和手机之间的交互。很多人一玩手机就是一天，甚至患上了"手机综合征"，几分钟不看手机都不行。显然，小屏幕肯定无法满足消费者的全新需求，盯着手掌大小的屏幕一整天，估计谁也受不了。此时，消费者需要的是更大的手机屏幕。

为了解决这个新痛点，手机厂商和用户便开始舍弃一定的便携性，手机屏幕越变越大，以至于最新款苹果手机的屏幕已经变成了一个完整的大屏幕，连之前让乔布斯引以为傲的圆形按键都不见了踪影。

所有伟大的企业，说到底都是从找到问题出发，通过抱怨、洞察和体验，寻找用户的痛点，并加以解决。你需要时常问自己："客户真的有购买动机吗？我能否在用户口渴难耐时，递给他半瓶救命的水？"喝水是人类最基本的需求，属于典型的真痛点，而在"用户口渴难耐"这个前提下，"立刻喝水"就成了用户的痛中之痛。

具体的场景营造考验创业者的功力。你可以在沙漠里卖水，这是真痛点；你也可以在泰山的半山腰卖水，并告诉客户接下来的山路上不会再有卖水的人，便可以将假痛点营造为真痛点。客户此时可能并不口渴，但是想到爬到山顶之后没有水喝，相信大多数人都愿意为此买上一瓶。

3

秘密是最好的
抗风险武器

问题决定着市场的大小，而秘密决定着创业风险
的大小。假如创业者选错了要解决的社会问题，
很可能因为市场太小赚不到钱；而假如秘密不
够，即便市场再大，你也可能赚不到钱，甚至连
活下去都很困难。只有把握秘密，才能让创业
者拥有属于自己的抗风险武器；秘密越大，抗
风险的能力就越强，核心竞争力也就会越强。

没有秘密，是创业者最大的风险

对创业者来说，当你从抱怨、洞察和体验中找到足够大、足够痛的问题，并加以解决之后，恭喜你，你已经找到了自己的路。然而，当你将路蹚出来并证明这条路可行时，竞争便会不期而至。在面对聪明才智不亚于你，并由资本力量加持的竞争者时，你如何保证自己的先发优势？这个问题难倒了无数创业路上的英雄好汉。

我见过许多小而精的公司千辛万苦攻克了第一个难题，却在面对"门口的野蛮人"时毫无反抗之力。原因很简单，就是它们没有秘密，这是最大的风险。什么是秘密？你能做，别人即便知道了也做不了，或者就算做出来，也跟你的不一样，这就是秘密。

很多创业者愿意在创业之前和我聊聊，听取我的意见和建议，我也非常乐意尽自己的力量给他们一些帮助。有些创业者说的话经常令我哭笑不得，尤其是关于秘密的。下面是我和某位创业者之间的真实对话。

这位创业者眉飞色舞地跟我说:"樊登老师,我有一个特别好的项目,打算创业。"

我听了自然很替他高兴,便说:"那你讲讲看。"

他一脸神秘地看着我,说:"这可不能说,一说别人就会知道,那我就没有秘密了,事情会变得很麻烦。"

听完他的话,我十分无奈,对他说:"那你就自己留着吧。像你说的这种害怕别人知道的事情,压根儿就不算秘密,充其量只能算个点子而已,一毛钱都不值,你留一辈子也挣不到钱。"

飘柔曾经有一句经典的广告词,叫"我只将秘密告诉了她,谁知一传十,十传百,变成全国皆知的秘密",这句话应用在创业领域再恰当不过了。当"山寨"现象层出不穷时,你如何防止竞争对手"山寨"你的创意?如何尽可能地降低创业风险?只能靠秘密,而很多创业者并没有想明白这个道理。曾经风靡一时的共享单车就是如此。

这个案例的精华在于ofo和摩拜确实找准了社会问题,这才有了一度呈指数级增长的共享单车市场,而不足就是没有秘密,缺少企业防范风险的武器。

他们找到的社会问题是交通的"最后一公里"。如果你家离地铁站比较远,早晚高峰时便会面临如何从家到地铁站或者从地铁站回家的艰难抉择,这就是人们常说的"最后一公里"难题。坐公交车太慢,打黑车不安全,出租车又太贵,怎么办?ofo和摩拜给出的解决方案是骑自行车。骑自行车不仅能够回避堵车困扰，还能锻炼身体，一举两得。

他们的问题找得很准，解决方案也很有创意，但没有秘密。共享单车这门生意压根儿没有任何秘密可言，只要能够找到足够多的钱，谁都可以干。当资本看好共享单车这块蛋糕之后，疯狂的力量展现无遗——全国出现了各种颜色的共享单车，甚至有人戏言"颜色都快不够用了"。

因为没有秘密，在不理性的投资环境下，ofo 和摩拜要想保持先发优势，只能借助资本的力量。

如果一个公司没有秘密，就没有护城河，就会时刻处于危险境地，谁想来"抢"都行。打个比方，假如你开了一家鞋厂，专门代工生产耐克的各种运动鞋。即便每年的订单量很大，你的鞋厂都说不上有多么宽阔的护城河，抗风险能力很差。一旦耐克不给你订单了，你的鞋厂就得立刻关门。

为什么？原因就在于你没有属于自己的秘密。你的鞋厂做的是代工生意，生产出来的鞋子除了耐克没人会要，因为别人卖不掉。你引以为傲的生产线，隔壁村的老王只要肯花钱也能买到，再雇点工人，他就能把这条生产线搞起来，生产出更好的鞋子。如果老王真想从你手里抢去耐克的订单，那么只要花大价钱买条更先进、效率更高的生产线，雇用更多的工人，就能拥有比你强得多的代工能力。你说，到时耐克还会继续选择你的鞋厂吗？

只有把握秘密，创业者才能拥有属于自己的抗风险武器；秘密越大，抗风险的能力就会越强。在这件事情上，国外的一些知名企业也曾犯过错，就连大名鼎鼎的可口可乐公司也是如此。

可口可乐公司一度认为它的核心秘密是可乐的配方，于是便对自己的配方严防死守。大家知道吗？可乐其实就是一种糖浆，口感上的差异主要来源于糖浆中各种原料的不同比例。可口可乐公司始终不肯透露配方，百事可乐公司就自己研发，反正糖浆的原料就是这些，实在不行我就一点一点地试。最终，百事可乐公司确定了自己的配方，喝起来和可口可乐味道差不太多，甚至更符合青少年的口感需求。除此之外，百事可乐公司还将自己定位成"年轻人的可乐"，这无形中就把与之针锋相对的可口可乐衬托成了"落伍、老土"的代名词。

一套组合拳下来，可口可乐公司急坏了。配方的秘密并没有挡住百事可乐公司追赶的脚步，可口可乐的市场份额出现十分明显的下滑。但此时它并没有转变思维，反倒认为是配方出了问题。于是，可口可乐公司放弃了传统的配方，转而推出新配方可乐，试图复制百事可乐公司的反超之路。这一变化导致世界营销史上有名的大灾难，甚至发生了消费者上街示威的事件，示威的口号是"还我可口可乐"。

痛定思痛，可口可乐公司终于意识到配方这个秘密并不够强大，无法为自己提供其他人无法逾越的护城河。于是，它开始寻找另外的核心秘密，并最终将目光投向了品牌路线，宣称"我才是传统的可乐"，试图唤醒消费者对过去只喝可口可乐那段时光的回忆。不得不说，可口可乐公司这一招很厉害。依靠"铁粉"们的力量，可口可乐公司重新坐稳了自己的王者位置。

在将品牌确定为自己的核心秘密之后，可口可乐公司的下一步目标是要和每一位用户发生联系（one to one）。为了实现这个了不起的想法，可口可乐公司将竞争的重心从广告转向了公关，转向了跟客户之间的互动，让品牌在消费者心中生根发芽。

后来，可口可乐公司也出过很多类似"喝可乐致癌""可乐里边喝出蟑螂"这样的负面消息，这些都没令它伤筋动骨。在弄懂秘密对企业的重大作用之后，你就会明白，可口可乐公司的核心秘密早已不是健康和口感，而是品牌崇拜，这才是它真正的铠甲和护城河。

曾经有人问我："你是如何将樊登读书做起来的？"

我推心置腹地告诉他："把书讲好，讲得有趣一点，别讲太多废话，这就足够了。"

好多人听了我的答案，觉得知识付费这件事挺容易，就冲进来做了很多讲书节目，但真正成功的人很少。

直到有一天，一位出版界的朋友跟我聊天，说："别的平台是'物理讲书'，你是'化学讲书'，所以你能够将产品卖出去，别的平台讲同样的一本书，但就是卖不动。"

　　我想，他确实找到了问题的症结所在，"化学讲书"就是樊登读书的一个秘密。你该怎么把书讲出"化学反应"？如何才能用听众最能接受的方式，帮助他们消化掉一本书，并且还能跟他们的生活建立起联系，甚至改变他们的行为？这是别的平台没学会的秘密。

　　当你的秘密还不够强大，护城河还没有挖出来的时候，千万别着急往里边蓄水。水大了，容易成灾。可能有人会问："到底什么是好秘密，对此有没有什么评判标准？"当然有，这就是下一节的主题。

告诉你，你也学不会的好秘密

北宋文学大家欧阳修写过一副对联，上半句是"书有未曾经我读"，意思是天下有那么多书，总有我没有读过的。这句话和樊登读书正在做的事情很有关系，我一年会为客户讲50本书，总有一些是你没有读过的。你没读过不要紧，我会读给你听，这正是樊登读书的价值所在。

这副对联的下半句是"事无不可对人言"，这半句和本节的主题紧密相关。什么叫作好秘密？就是"事无不可对人言"的秘密。关于这个秘密，没有什么是不能告诉别人的，这是一个成功创业者的自信和胸襟，也是衡量一个秘密好坏的标准。真正的秘密，从来不怕别人知道，因为即便你知道了，也学不会。如果你的秘密只是建立在别人看不上、顾不上做的基础之上，那就有很大的风险。

海底捞的秘密在于服务，这一点很多人知道，即便你不知道，看看它出的一本书就会知道。但是很奇怪，知道归知道，中国的餐饮行业却再也没有出现第二个海底捞。

正所谓"学我者生，似我者死"。其他的火锅店可以学习海底捞在服务上的用心，但是如果学得一模一样，那就只有死路一条。你能看到的是海底捞远超客户预期的金牌服务，却不知道背后有着供应链条、人才体系、绩效考核等多方面因素的支撑。只要一个环节跟不上，你就只能"画虎不成反类犬"。

和海底捞一样，我很熟悉的喜家德水饺也有着不怕偷师的好秘密。

喜家德是中国水饺餐饮连锁企业的领导品牌，2002 年创立于黑龙江鹤岗市，后来总部搬到了大连。联合创始人高建峰和我曾经是同一个学习小组的组员，也是非常要好的朋友。高建峰毫不藏私，他最了不起的地方就是在大连建了一家向社会开放的饺子博物馆。所有对饺子感兴趣的人，不管是客户、合作伙伴还是竞争对手，都可以前去参观学习。

我母亲也十分擅长包水饺，并颇为得意。有一次我跟她提到喜家德，说他们的水饺包得很有水平。我母亲非常不服气，并告诉我："如果想吃饺子在家吃就行，没必要出去吃。"我没有跟她争辩，只是带她去喜家德水饺的门店试了一回。只吃了这一回，她现在已经是喜家德的铁杆粉丝，家里来了亲戚朋友，她经常会领着去喜家德吃饺子。

我母亲的态度之所以会发生一百八十度大转变，是因为喜家德的水饺都是现包现煮的，味道确实好。饺子当然是现包的好吃，这一点谁都明白。可是现包现煮水饺出餐慢，会直接影响餐厅的翻台率，这是一个"鱼和熊掌不可兼得"的选择难题，困扰着很多饺子馆。然而，这个矛盾在喜家德似乎并不存在，我和我母亲在点完餐的五分钟之内，就吃上了热腾腾的现包水饺。

喜家德的秘密是什么？是"四杖出皮"技术和特制擀面杖。喜家德借助这些技术将擀饺子皮的时间缩短了1/3，从而大幅度缩短了出餐时间。

此外，喜家德用的面粉也很有讲究。为了保证最好的口感，高建峰在全世界范围内寻找最合适的面粉，选定了三个国家的优质小麦，经过上万次筛选组合，最终才有了喜家德现在的面粉配方。这个秘密其他餐厅无法效仿，因为他们根本不可能花这么多的精力去琢磨面粉配方。

虾仁、韭菜、鸡蛋也是如此，这些看似普通的食材，在高建峰眼中样样都不简单。以鸡蛋为例，和市面上的普通鸡蛋相比，喜家德的鸡蛋水分少，蛋清和蛋黄都很有弹性，这样的鸡蛋不但蛋白质浓度高，营养丰富，而且口感更好。你可能很难相信，就是为了寻求这枚小小的鸡蛋，喜家德的产品团队花了整整一年半的时间，走南闯北，从北京到哈尔滨再到济南，共走了106个城市、367个大大小小的鸡场，最终在吉林省辽源市找到了满意的供货商。

为了追求食材、工艺、卫生和安全，喜家德十七年如一日，保持着对"有温度的品牌"的持续追求，这便是喜家德的秘密所在。看起来，高建峰下的似乎都是笨功夫，可是试想一下，这种"笨功夫"哪家饺子馆能够做到？他的秘密告诉你了，饺子博物馆也随时向你敞开，你完全可以来看来学，但你肯定学不会，这就是他的抗风险武器。

说完喜家德，再来看看全球零售巨头 7-Eleven。截至 2018 年年底，7-Eleven 已经在全球开了 65000 多家门店，是全球最大的连锁零售体系。7-Eleven 创始人铃木敏文先生写的《零售的哲学：7-Eleven 便利店创始人自述》一书，对我的影响非常大，我推荐大家都看看。书中详细介绍了 7-Eleven 的诸多秘密。

7-Eleven 最核心的秘密是他们的制度设计，其中一条是充分给员工授权。以进货为例，一般情况下，总部不干涉门店的进货情况，而由店长向总部订货。如果店长忙，则由收银员负责订货。店长和收银员是最了解门店货品销售情况的人，让他们负责订货能够保证库存量最小。

有一次，铃木敏文到美国的 7-Eleven 门店巡查，发现很多门店的进货体系十分混乱，有的门店大量缺货，有的门店囤货后却卖不掉。在详细了解相关情况之后，铃木敏文找到了问题的根源。

原来，美国的 7-Eleven 门店不像其他区域那样，允许店长和收银员自主订货，而是由总部直接批货下发。总部远在日本，怎么可能及时准确地掌握大洋彼岸某家门店的货品销售情况和具体的客户需求呢？铃木敏文回国后就对美国门店进行了大刀阔斧的整改，它们的进货情况很快得到了大幅度改善，再也没有出现断货或库存积压的现象。

7-Eleven 的第二个秘密是供应链管理。在过去，给便利店供货的所有厂家都是分开送货，每个供应商分别派车将货物运到各家便利店。供应商一多，堵车现象随之而生，不断地卸货入库也会严重影响零售店的运营效率。

7-Eleven 并没有走其他便利店的老路。铃木敏文在创业之初便给各品类的供应商定下了规矩，让他们合并送货，一天 16 辆车就能送完所有品类，大大提高了门店的运营效率。

除了制度设计和供应链管理，自有商品的研发和选址也都是 7-Eleven 雄霸全球零售行业的秘密所在。

看完《零售的哲学：7-Eleven 便利店创始人自述》，你会发现，7-Eleven 的真正秘密其实是它卓越的运营能力和对市场的把控能力。这种秘密无法复制，任何一个环节存在问题，你都会功亏一篑。因此，像 7-Eleven 这类公司，实质上极难超越。现在有很多便利店品牌，颜色和布局都和 7-Eleven 极其类似，有些店甚至"山寨"了 7-Eleven 的招牌。但这些都是皮毛，外在学得再像，没有学会精髓也是白搭。

你有了一个标准意义上的好秘密之后，就会拥有源源不断的收入，就可以继续加深、加宽你的护城河，增强你的抗风险能力，正如吉列公司的发展那样。"股神"沃伦·巴菲特曾将吉列公司与可口可乐公司相提并论，认为它们是当今世界上最好的两家公司。可口可乐公司已经在前文分析过，现在来看看吉列公司。

手动剃须其实是一门很简单的生意，竞争的关键无非就是刀片更锋利些，操作更简单些，安全性能更好些。但就是这样一件简单的事情，吉列公司做到了极致，拥有着竞争对手无法比拟的好秘密。当你用惯了吉列剃须刀后，你会发现其他品牌的剃须刀用起来特别别扭，不是感觉不舒服，就是容易刮破下巴。

当你拥有一个好秘密之后，故步自封并不是良策。吉列公司并没有因为自己在客户心中居有牢不可破的品牌地位，便失去进取心，它选择的竞争方式是自己打败自己，将护城河越挖越深。

在手动剃须刀市场中，吉列公司从来不跟其他公司竞争，而是不断研发新技术，用新产品打败自己的老产品，比方说用锋速2打败锋速1，用锋速3打败锋速2，即便付出巨大代价也乐此不疲。在锋速2的库存还没有彻底消化的情况下，吉列公司便推出了新一代的刀片产品——锋速3。锋速3一上市，锋速2自然就失去了市场，只好大批量退货。由此带来的损失谁来承担？当然是吉列公司。因为没有对手，所以只有靠不断地自我淘汰，才能一直保持领先优势，将秘密变成打入客户心中的锋利武器。

新一代产品通常意味着更好、更先进，也意味着企业的秘密越来越好、越来越大，谁也学不会、抢不走。这是一种很厉害的竞争模式，大家再熟悉不过的苹果手机也是这样做的。从 iPhone 3 开始，苹果公司在雄霸智能手机市场的情况下，几乎每年推出一款新手机，iPhone 4、iPhone 5、iPhone 6、iPhone 7、iPhone 8……后来，数字不够用了，苹果公司干脆为新产品取名 iPhone X、iPhone XS、iPhone XR……正是这种不断的自我升级，阻挡了竞争对手，将护城河变成了无法逾越的品牌鸿沟，同时也将风险降到了最低。

创业者不可不知的六种好秘密

通过对前文的学习，大家应该已经明白什么样的秘密才能称得上是好秘密。接下来，我想跟大家详细说明好秘密的分类。在我看来，以下六种秘密，都是企业抗风险的好武器。

1. 资源

资源是不可复制的，当然是一个好秘密。现在有句形容有钱人的流行语，叫"家里有矿"，说的就是有资源。举个例子，和田玉的山料现在越来越贵，如果你在和田有一座矿山，绝对没人能抢走。但是，资源有资源的问题，它会枯竭，获取成本也就越来越高。一旦有一天，你的矿山资源开采完了，又没有买到新的矿山，你的好日子也就过到头了。

2. 科技

科技永远是第一生产力，重要性无须多言。华为公司成为中国企业的世界名片，靠的就是科技。

华为公司有一个非常重要的秘密，叫作"深淘滩，低作堰"，这句话源自李冰父子修筑都江堰的故事。深淘滩，指的是河沟要挖得够深，不深则容易淤塞；低作堰，意思是河堰不要过高，这样能确保周边村镇的安全，不会出现"地上悬河"。任正非先生很爱学习，在学到李冰父子的智慧之后，将之引申运用到了华为公司的运营上。

"低作堰"说的是华为公司的运营能力和制度设计，在这里不做展开，我更想介绍的是华为公司的"深淘滩"。任正非将科技视为华为公司防范外界风险的"核武器"，每年确保将 10% 的营业收入用于研发，将护城河越挖越深。营业额在 1 个亿时，拿 1000 万出来做研发；营业额到了 10 个亿，就拿出 1 个亿。以此类推。10% 的研发经费是硬性规定，无论何时都不可减少，华为公司对科技的重视程度可见一斑。

花这么多钱进行研发，华为公司的收效如何？在 2018 年的中国企业 500 强中，华为公司的专利授权量达 7.43 万件，高居首位。

与科技水平相对应的是华为公司的迅猛发展。华为公司 2018 年的营收额突破了 1000 亿美元大关；在苹果公司和三星公司之后，华为公司是全球第三家营收迈入千亿美元俱乐部的电子公司，这就是科技的力量。

注重科技研发的公司，除了华为公司还有很多，我再说一个和樊登读书保持密切合作的科技导向型公司——卡尔蔡司。

我早就对卡尔蔡司有所耳闻。卡尔蔡司是一家制造光学仪器、工业测量仪器和医疗设备的德国企业，始创于 1890 年，一直致力于光学研究。喜欢摄影的朋友可能对蔡司镜头都不陌生，那就是卡尔蔡司研发生产的。很多诺贝尔生理学或医学奖得主在得奖以后都要感谢卡尔蔡司，说是如果没有卡尔蔡司的镜片产品，他们就不可能发现那些微生物。所以，我对这家公司一直很有好感，也愿意深入了解他们。

在给卡尔蔡司上课之前，我和该公司的中国区总裁彭伟进行了一次长谈。我对他的大力支持表示感谢，而彭伟也跟我详细介绍了卡尔蔡司的商业模式。不听不知道，这家公司将科技这个抗风险武器的威力发挥得淋漓尽致。

比如做眼角膜手术的光学仪器，全世界除了卡尔蔡司没有公司能制造，这是典型的技术壁垒，带来的是竞争对手绝对无法撼动的定价权。这种光学仪器一台售价大约是 1500 万元，有的大型医院一次性就购买 100 台，而这只是卡尔蔡司所有产品线中很普通的一种。

将近 130 年的潜心研究，为卡尔蔡司积淀了光学领域的绝对技术优势，也为公司带来了很高的利润率，这就是科技给予创业者的回报。

3. 运营能力

海底捞你学不会，因为它靠的不是科技，而是运营能力，是服务比别家餐饮公司做得好。创业者都需要第一桶金，海底捞的第一桶金正是来自创始人张勇超凡的运营能力。樊登读书也是如此，在用运营能力占据先发优势之后，我们可以通过人工智能、大数据等科技手段将企业的抗风险能力不断提升，但运营始终是樊登读书的重中之重。

4. 品牌口碑

品牌是一个非常重要的秘密，也是非常好的秘密。好在哪儿？品牌能让企业的边际成本为零，大量公司发展到后期，就是依靠品牌挣钱，现在一些超级 IP，说到底就是品牌。

曾有创业者在我的课上提问："樊登老师，品牌和口碑是两码事，你为什么要将它们合在一起？"这个问题很好，证明我的学生们都是爱思考、肯动脑的人。我之所以会将品牌和口碑放到一起，是因为发现很多企业都存在一个问题——只有品牌，没有口碑。客户都知道它们，但是并不爱它们。

很多创业者在拿到天使投资之后，会将其中的大部分用于宣传推广，而不是产品打磨。通过各种推广途径，他们确实成功地让客户知道了自己的品牌，但是因为产品并不能解决客户的实际问题，口碑不太好，客户黏性很差。当你顺风顺水时一切都好说，但只要你出现一些问题，就很容易发生"墙倒众人推"的惨剧。但如果你是一个有口碑的品牌，事情便会大不一样。

由于智能手机时代骤然来临，曾经的庞然大物摩托罗拉沦为时代的弃儿，先是被谷歌收购，后来又被转卖给联想。但不知你是否注意到，现在市面上又出现了摩托罗拉手机。

为什么摩托罗拉被乔布斯的智能手机无情地打入尘埃之后，还能咸鱼翻身？因为这是一个真正有口碑的品牌，很大一部分人当年都用过它的手机，说心里话还是挺好用的。

所以，如果创业者能将口碑和品牌放在同样的位置，便会拥有别人无法取代的竞争优势。即便有一天，你的事业真的走向了末路，也会比别人更容易东山再起。

5. 价格

价格也是我十分认可的好秘密之一，在我看来，价格战属于非常高级的竞争方式。很多创业者在跟我交流时，很不屑地跟我说："价格战没有技术含量。"我觉得这种观点十分可笑，如果你能将价格战打到格兰仕这种水平，就能体现你的技术含量了。

小家电品牌格兰仕被业界戏称为"价格屠夫"，它能在价格战中打得竞争对手丢盔弃甲，而自己还活得很好，靠的是什么？是科技、运营能力和大批量采购。基于这三大秘密，格兰仕能够将价格准确定至让竞争对手毫无利润、自己却还能赢利的水平。

如果竞争对手还想继续打价格战，就得在格兰仕的定价上再往下调整，这便意味着卖一台亏一台，属于典型的"赔本挣吆喝"，势必无法持久。而格兰仕在价格上还有调整空间，能够根据具体情况自主决定是否跟进价格战。

价格上的游刃有余，让格兰仕在小家电的激烈竞争中立于不败之地，这便是我说的好秘密。所以，如果创业者真的能让某行业的产品价格产生根本性的变化，那么他同样也能拥有较强的竞争优势。这是一种非常高级的竞争，你的企业必须拥有其他方面的秘密，才有可能做到这一步。

所以，中小企业创业，尤其是小微企业刚起步的时候，我其实不太建议创业者去做低端市场。低端市场具有极大的风险，做低端市场的都是巨头，它们可以容忍在一段时间内不赚钱甚至赔钱。但是初次创业者大多是小本经营，有的甚至是借钱创业，用有限的启动资金跟巨头们火并，实在算不上明智之举。

我给初次创业者的建议是最好做中端市场，太高端的你够不上，太低端的你赔不起。中端市场的好处在于，行业中的每个人都能挣到钱，可能不会一夜暴富，但起码衣食无忧，不会出现让你无法承受的风险，能够让你在保证存活的情况下攒足粮草以待时机。

6. 用户

用户是一个好秘密，这其实就是人们常说的"粉丝经济"。凯文·凯利（Kevin Kelly，很多人昵称他为KK）说过一个著名的"1000 铁杆粉丝"原理，在他看来，一个品牌只要有 1000 名铁杆粉丝，就可以活得很好。对此，我深表认同。对创业者来说，你需要管好你的客户，让他们跟你建立紧密的联系，让他们发自内心地爱你。

漫威影业和苹果公司就是这方面的翘楚。我儿子嘟嘟就是漫威的铁杆粉丝，只要漫威推出一款新产品，他就会想尽办法买到手，这是一种粉丝文化；而苹果公司自不待言，"果粉"们的力量相信大家都有很深的感受。

樊登读书早期在用户管理方面做得并不让我满意。我们其实有特别多的忠实粉丝，在 2017 年的"双十一"，有位铁杆粉丝一次性续了 50 年的会员费用，让我十分感动。按照樊登读书制定的规则，续 50 年的会员费用，会再赠送他 50 年的会员费用，这就意味着他一下拥有了 100 年的会员资格，摆明要和樊登读书共存亡了。

像这样的铁杆粉丝，樊登读书有很多，但一直没有认真运营。后来我就想，应该把有影响力的会员组成一个群。凡是曾经介绍过 20 个或者 30 个会员加入樊登读书的，就可以加入这个群。我会在群里亲自为他们解决问题，当樊登读书举办比较重大的活动时，也会邀请他们参加，逢年过节还会给他们送一些定制的产品。

　　樊登读书正在构筑自己的用户门槛，这项工作的意义十分重大，我建议其他创业者千万不能忽视。用户是创业者的衣食父母，也是你的力量之源。如果运营好你的用户，那么你甚至可以让他们帮你改进产品。如此一来，你就能为自己的企业持续构筑一道护城河。

超越竞争的"十倍好"原则

很多创业者会想，我看其他同行都是这么做的，并没有什么好秘密，也照样活得不错。这种观点其实很致命，别人已经做得很好了，凭什么让你进来分一杯羹？你只有打破行业惯性，找到足够好的秘密，才能拥有属于自己的竞争优势。在寻找你的秘密时，要有足够的想象力，千万不要被同行束缚住。

说到这里，我想重点为大家介绍一个人——享誉全球的埃隆·马斯克，特斯拉和 SpaceX 公司的创始人，被人称为"硅谷钢铁侠"。这位仁兄在 2018 年做了一件大事，他用自己生产的猎鹰重型火箭，将自己生产的特斯拉跑车送上了前往火星的旅途。

要想深入了解埃隆·马斯克，《硅谷钢铁侠：埃隆·马斯克的冒险人生》不可不看，这是我个人十分喜欢的一本传记。该书的作者阿什利·万斯历时四年采访了众多在特斯拉和 SpaceX 公司工作过的员工，并且他没有允许马斯克删改其中的任何内容，所以这本书的可读性很强，我推荐大家阅读。

在书中，阿什利·万斯记载了埃隆·马斯克的许多有趣故事。看完之后你会知道，这位硅谷传奇人物之所以能够不断改变人类的发展进程，是因为他提出的"十倍好"原则——要么不做，要做就要比同行做得十倍还好。大家现在对特斯拉已经十分熟悉，无须我过多介绍，让我们将目光投向他对世界的另外两大贡献：新式火箭和超级高铁。

由于 SpaceX 公司在设计生产过程中进行了高度的垂直集成，大幅降低了成本，他们研发的猎鹰 9 号火箭的标准发射费用为 5400 万美元。而它的竞争对手之一，美国当时垄断大中型载荷发射市场的联合发射联盟（ULA），4 次发射报价为 17.4 亿美元，平均每次发射需花费 4.35 亿美元；欧洲的阿里安公司和美俄联合的国际发射服务公司的报价也不低。

不仅发射费用低，猎鹰 9 号火箭的运载能力也远高于竞争对手，是美国航天飞机的 2 倍。更为重要的是，SpaceX 发射的火箭竟然还能回收，可重复使用，这便将许多竞争对手远远甩在了身后。

说完了火箭，再来看看超级高铁。高铁的所谓"超级"，主要指速度方面。埃隆·马斯克所说的超级高铁到底能快到什么程度呢？半小时能跑 600 公里，也就是说 1 小时能跑 1200 公里。可能大家对这个数字并没有明确的概念，我做一个简单的对比，相信大家就会明白。

波音 747 飞机的典型巡航速度是 0.85 马赫，换算过来就是每小时行驶 1000 公里左右。简而言之，埃隆·马斯克所说的超级高铁能跑得比飞机还快。

在我看来，"十倍好"原则其实是一种思维方式。若创业者想设计一款产品，就必须比同行们的产品好上十倍，这样才算真正拥有一个能够为你提供抗风险能力的好秘密。

在当当网和京东商城等网上书店购书的体验，绝对比在一些实体书店买书的体验好十倍。读者可以在网上一次性购买大量的书，而不用担心书太重搬不回去。网上书店能够提供送货上门服务，当天下单第二天就能送到，一些实体店根本无法做到。此外，网上书店的书也比实体书店便宜很多，赶上"6·18"大促或者"双十一"，还能买到许多五折的书。

如果当当网和京东商城局限于实体书店的体验模式，那么要想颠覆实体书店根本就不可能。在读者的传统观念中，买书就得去实体书店；你如果不能彻底颠覆读者的认知，就无法在图书领域立足。

熟悉我的朋友都知道，我住在北京，但樊登读书的总部设在上海。每次去上海和团队开会时，我就会问他们有没有十倍增长的可能性。一直以来，樊登读书每天的业绩增长都差不多，大概维持着每天开几千个会员卡的水平，纪录是 16 万，但平时大约都是几千的增长量。对此，我并不着急，因为我相信总会有一个"十倍好"

的机会。这个机会，在樊登读书创立五周年时终于出现了。

2018 年 11 月 3 日，樊登读书发起了"阅读狂欢"活动，效果十分明显。平台单日注册数连续 3 天打破此前的纪录，分别超 17 万、22 万和 29 万，单周注册过百万。从 11 月 1 日至 11 日，新增用户量是 206 万，总用户数从 2017 年 11 月的 300 万飙升至后来的近 1200 万，还因此登上了 APP Store 的热搜榜单。

这次"阅读狂欢"活动带来了多少营收呢? 向大家汇报几个具体的数据。活动正式上线的 13 个小时后，支付笔数突破 10 万。到 11 月 11 日活动结束时，累计吸引了 605067 位书友参与，销售金额过 2 亿元，是 2017 年同期销量的 2 倍。

这就是樊登读书找到的一个"十倍好"的机会。

在这次"双十一"的活动中，小伙伴们发现了一个特别有意思的案例。有一位代理商在三天内卖了一万张卡，这是过去樊登读书一个省级代理加下属所有市级代理的开卡总量。一个人就完成了一个省级分会的业务量，这就是"十倍好"的神奇魔力。按照有些小伙伴的惯性思维，一个人卖两三千张卡就已经很厉害了。在这种惯性思维的束缚下，"三天一万张卡"只会出现在梦里，你必须不断地克服惯性思维的阻力。

要想实现十倍好的效果，肯定需要十倍好的方法，需要沿着十倍好的方向去琢磨如何才能拥有十倍好的进步。这是一种"以终为始"的思维方式，用十倍好的结果倒推过程中的每一个环节，去寻

找可能被颠覆的地方。

如果创业者整天将注意力放在企业的日常经营、员工整顿或者宣传推广这些事上，那么将永远不可能产生颠覆性的进步，不可能打败惯性这个创业者最大的敌人。你需要在脑子里不断地逼问自己和员工，如何才能拥有十倍好的增长。到 2018 年，樊登读书已经创立 5 年，现在看来，每年基本都能维持十倍左右的增速。产生这一现象的主要原因就是我们每年都在思考这件事，盯着这个目标往前走。

秘密是一个慢慢积累的过程

寻找秘密是一个动态的过程，需要慢慢积累，千万别想着刚起步就达到像华为公司那样的技术水平，或者拥有像 7-Eleven 那样的运营能力。

1. 秘密的积累需要过程

作为一名创业者，你要知道自己现在的优势是什么，在朝哪个方向努力，有哪些地方在进步，这就是打造秘密的途径。接下来，我给大家讲三个特别接地气的案例，从中你会发现，谁的秘密都不是一蹴而就的。

我曾经采访过黄记煌的创始人黄耕，他是鲁菜厨师出身，后来也开过火锅店和鲁菜馆。大家可能都知道，中餐馆对厨师的依赖性很大，厨师心情和状态的变化，有时会直接影响菜品的口感和客户的体验。老板稍加指责，有些厨师就会撂挑子走人，"此处不留爷，自有留爷处"。老板想再招一个水平差不多的厨师，是一件相当麻烦的事情。

可能有人会想：过于依赖一名厨师容易出状况，那我多招几名厨师不就好了吗？彼此之间也能有个制衡。然而，事情并没有这么简单。厨师一多，一方面会增加成本，另一方面厨师的烹饪水平参差不齐，难以保证菜品的品质统一。长期受制于厨师的痛苦经历，让黄耕下定决心开一家不需要厨师的餐厅。

黄耕决心研究一种能够让餐厅摆脱厨师的方法。这一个过程有没有让你想到什么？对，就是前文重点阐述的找到足够大、足够痛的社会问题。民以食为天，餐饮市场是一个有着万亿体量规模的大市场，而厨师问题又让无数餐厅老板头疼不已，这确实是一名创业者值得关注的好问题。

找到问题之后，黄耕开始苦心钻研，很快给出了自己的解决之道——酱包。酱包属于标准化产品，不依赖某位特定的厨师。服务员只要撕开研制好的酱包，将酱料撒在搭配好的食材上，然后焖上锅盖，几分钟就能让客人吃上热腾腾的菜品。黄耕给自己研究的新式菜品取名为焖锅，这样一种全新的火锅品类就此诞生。黄耕的创业热情再度点燃，全新模式的黄记煌焖锅店正式投入运营。

焖锅属于餐饮行业的新品类，顾客对此一无所知，很少人敢尝试。因此，第一家黄记煌焖锅店开张后，顾客很少，有时一整天也没有顾客。

一些信心不足的创业者遇到这种情况后，可能就会对自己的产品或运营模式产生怀疑，进而打起退堂鼓。显然，黄耕不属于此类。

为了打破困局，黄耕想了一个不算办法的办法。他一个人站在店门口，手拿黄记煌的传单见人就发，发完还说："你们放心进去品尝，如果不好吃就别给钱，我来买单。"他的顾客就是这样一位位、一桌桌拉来的。有些客人吃过一次之后大为惊叹，从此成了黄记煌的常客。还有些客人可能确实不喜欢焖锅的口味，给他提了些意见，他也很虚心地采纳。

皇天不负有心人，时日一长，黄记煌打响了名头，积攒了一批核心用户，有了口碑。随着知名度的不断提升，越来越多的人找上门来，希望成为黄记煌的加盟餐厅。要加盟，肯定得付加盟费，黄记煌很快收回了前期投入的成本，走上了规模化品牌连锁的经营之路。

和一般餐饮品牌不同，黄耕是做酱包起家的，酱包算是他成功的秘密所在。因此，他对酱包有着十分深厚的感情，从没有停止过对酱包的研发。酱包的生产最早是"前店后厂型"，后来升级成所谓的"作坊型"，再后来又升级为"中心厨房型"。到了2009年，黄耕正式建立了黄记煌的调味品工厂，让酱包有了企业食品生产许可证，有了异地流通的准入证。我曾有幸去黄记煌的调味品工厂参观，在8000多平方米的车间里，几乎看不到什么人。我后来问了黄耕，他说整个车间只用了不到 10 人。这就是标准的减员增效。

除了酱包，制度设计也是黄记煌的一个大秘密。从 2004 年到 2010 年，黄记煌以传统的加盟连锁方式为主。从 2011 年开始，黄耕开始推行全面的合约式控股，黄记煌控制了每一家门店 51% 的股权，这样有助于总部更好地管控门店。2014 年，黄耕在梳理企业经营脉络时发现，合约式控股确实有很大的好处，但也存在责、权、利无法厘清的潜在风险。因此，从 2015 年开始，黄耕又在餐饮圈首创了有限合伙制，让黄记煌整个体系中 95% 以上的门店全都成了有限合伙门店，品牌授权方黄记煌和经营方各门店之间，更清晰地划分了各自的责、权、利。

通过上面的案例，大家应该能够很清楚地看出，黄记煌的整个发展史其实就是企业不断积累秘密的过程。通过这一步步的积累，黄耕将自己的秘密越做越大，也让黄记煌具备了强大的抗风险能力。

我曾在央视主持了很多年的《奋斗》节目，见过太多感人至深的创业案例，也因此对创业者始终有一种特别深厚的感情。接下来，再给大家介绍一位我曾采访过的创业者，也是我的一个老大哥。他是山西晋城人，在上海创业。他的创业历程令我十分感动，因为他创业的起点真的低于尘埃，一路走来，他承受了常人无法承受之痛。

刚开始创业时，他做的是面包房生意。第一天开张就发生了意外，机器绞掉了他的一只手，面包店只好关门歇业。一般人估计很难经受这样的打击，但是他上有老下有小，迫于生活压力，他带着家人去了义乌打工。在义乌时，生活又一次无情地打击了他。2005年，他儿子在河里游泳时淹死了，爱人也因此出现了较为严重的精神障碍，失去了劳动能力。当时他家里的全部财产加在一块，只有2万块钱。采访进行到这里，我已经有些绝望。

各位试想一下，如果在2005年，你失去了一只手，只会做糕点，家里又是这种情况，身上也只有2万块钱，你有信心创业吗？不客气地说，很多创业者如果真的面临这位大哥在2005年的局面，别说创业了，能不能坚持活下去都很难说。然而，这位大哥却毅然走上了再创业的道路，没有丝毫犹豫。

这位大哥用身上仅有的2万块钱，在上海郊区租了一间小平房，又用剩下的钱买了一台传真机。钱花光了怎么办？只能挨个向身边的朋友借。可大家都知道他家是贫困户，还钱的可能性太小，所以基本没人愿意借钱给他。

天无绝人之路，一个和他关系不错的老乡跟他说："我没法借你现金，但我可以借你一张5万块钱的承兑汇票。这张汇票是我们单位的，我先把它借给你，你可以拿去抵押，看能不能弄些钱来。但是丑话说在前头，这张汇票两个星期之内你必须还给我，如果你还不了，不仅是你，就连我也死定了。"这位大哥思考了一下，跺了跺脚，接过汇票说："行，两个星期之内，我一定还给你。"

拿着这张汇票，他找到了一家纸箱厂，问老板："我现在没有现金，只有一张5万块钱的汇票，你能不能给我生产5万块钱的纸箱？"

老板很吃惊，赶忙问道："你要这么多纸箱做什么？"

这位大哥语出惊人，说："我要做萨其马，买这些纸箱是用来做包装箱的。"

或许是精诚所至，金石为开，或许这家纸箱厂当时的生意并不好，总之老板看他有汇票做抵押，就把活儿接了下来，为他生产了5万块钱的纸箱。

接下来他做的事情令我深感意外。这位大哥带着纸箱去了糕点厂，对厂长说："我有5万块钱的包装箱，我把这些箱子抵押在你这儿，你给我生产1万块钱的萨其马。我肯定不会跑，因为还有4万块钱的箱子押在你这儿，你看怎么样？"

就这样，这位大哥有了第一批价值1万块钱的萨其马。接下来，他每天早上蹬着三轮车出门沿街售卖这批萨其马，卖完后又拿着收回来的钱去找糕点厂继续生产。在两个星期的时间里，他用这种方法净赚了8万块钱。从纸箱厂拿回抵押在那儿的汇票并还给老乡后，他口袋里还有3万块钱的启动资金，他靠这开始了创业的第一步——寻找社会上存在的问题。

对我认识的很多创业者来说，找到两三万块钱的启动资金并不算难事，可这位大哥费尽千辛万苦才终于走到这一步，开始寻找自己的秘密。此时，他之前在糕点行业的从业经历给他帮了大忙。他发现糕点行业有一个小市场——无糖糕点——一直没人专门去做。

当今社会物质越发丰富，患糖尿病这种"富贵病"的患者也越来越多。糖尿病患者不能吃含糖量高的甜食，无蔗糖或者含木糖醇的糕点便是很好的替代品，但几乎没人专门生产此类糕点，市场中存在明显的空白，这就是他选择的创业方向。

再次见到这位大哥，是在几年后成都召开的全国糖酒交易会上，当时他的年销售额大概做到了六七千万。从一无所有到年销售额六七千万，这位大哥通过看似缓慢但方向坚定的不断积累，做出了常人难以想象的成绩，也拥有了常人无法比拟的秘密。

北京青年餐厅董事长易宏进是我的一位老学员，我第一次在北大给人上课时就认识了他。他的故事非常励志，他无师自通地掌握了秘密的原理，并将之运用到了极致。

第一次见面时，易宏进就给我留下了深刻的印象：西装笔挺、相貌堂堂。我感觉他肯定上过大学，接受过良好的高等教育。但随着对他的了解不断加深，我才知道他只有小学学历，初中都没有读完。因为家庭条件很差，易宏进不到 16 岁就辍学了，在北京大学门口卖油条。按照易宏进的说法，当时他每天都会跟自己说："我以后要去北大听课。"后来他确实进入了北大课堂，也因此成了我的学员。

当时的易宏进属于典型的无照商贩，最怕的就是城管队员，一旦被抓住就得罚款，还要没收他的"作案工具"。有次碰上城管检查，别的无照商贩纷纷逃走了，易宏进舍不得正在炸油条的那锅油，抱起油锅就跑。这下把城管队员吓坏了，生怕他烫着自己，连忙对他喊道："小伙子，你别跑了，我们不追你，你赶紧把锅放下。"他讲述的这段经历让我无比心酸和难过，相信很多创业者都能体会我当时的心情。这也印证了那句老话："吃得苦中苦，方为人上人。"

不得不说，大多数城管队员还是很有人情味的。见他这么苦，有位城管队员将他介绍到北京陶然亭公园北门附近的一家烤鸭店卖早餐，一卖就是好几年。后来，这家烤鸭店倒闭了，店主问他是否愿意接手，他寻思了一下，就把这家店盘了下来，改名叫青年餐厅，一晃就干了20多年。在这20多年中，全国有30多家青年餐厅的分店陆续开业，易宏进的名声也从北京飘向了天津，飘向了上海，飘向了全国，青年餐厅现在成了全国知名的餐饮品牌。

每次和他谈论秘密的话题时，易宏进都非常兴奋。他告诉我："我们现在有很多秘密了，不放油就能炒的魔鬼炒饭、美容养颜的香辣美容蹄、酸味很怪的酸汤鱼片等，实在是太多了。我的老本行也从来没扔下，我相信没有其他餐厅的油条、包子，能比我们做得更好吃。"

他说的这些秘密都是一点一滴积累出来的，刚开始时只有炸油条。

通过我说的这三个案例，你会发现，现实生活中很多看起来非常成功的大公司或创业者，都是通过长期积累才有了今天谁也学不会、抢不走的秘密。若是你至今还没有找到自己的秘密，千万不要太过自责，只不过是你的积累还没有到位。

2. 如果没有秘密，不妨假装自己有秘密

如果你的公司实在没有秘密，那么怎么办呢？我给大家介绍一个最简单的办法——假装自己有秘密。

不管你有没有秘密，你都得让你的员工和合作伙伴相信你的企业有秘密，这样才能有效地提升他们的信心，支撑他们一直跟着你走下去。

安迪·格鲁夫是英特尔公司的创始人之一、前董事长和前CEO，他曾在硅谷论坛上被问及一个问题："当你不能确定你或你的公司的发展趋势时，你如何引导公司发展呢？"

他的回答是："部分在于自律，部分在于'欺骗'，而'欺骗'会变成现实。'欺骗'其实就是你在给自己、员工和合作伙伴打气。如果你表现得自信，那么经过一段时间，你会变得更加自信，'欺骗'的成分因此减少。"

安迪·格鲁夫深知，很多员工见到他的机会并不多，因此他会在员工面前"表演"。即使是短暂的互动，安迪·格鲁夫也会向员工展示他的亲切和对未来的信心，让员工知道自己可以放心地把

未来交给这位英特尔的领导者。有时心中并没有明确的答案，安迪·格鲁夫也会假装自己知道，并表现出一副有活力、有强烈竞争心的模样。正是这种假装出来的踌躇满志，让英特尔公司的全体员工和合作伙伴对他和公司充满信心，并让英特尔公司最终取得成功。

很多公司起初并没有秘密，它们都是通过假装自己的专利、配方或者理论有秘密，进而占据市场。即便这些都是子虚乌有的事，经不起推敲，也能暂时赢得合作伙伴的信任和寻找真实秘密的时间。时间是每一名创业者最需要的东西，市场不会等待你和你的企业壮大，你只能自己争取时间，孕育出秘密之花。

要知道，秘密属于会动脑子的人，你需要做的是始终坚持自己选定的方向，慢慢地积累优势，并想方设法改进自己的不足之处。时间一长，优势便会成为"胜势"，成为你的秘密所在。

找到秘密之后，你得先做验证

秘密有好有坏，有大有小。当你绞尽脑汁找到一个秘密时，第一反应肯定是肾上腺素大量分泌，兴奋异常，恨不得立刻投入重金一展拳脚，但只争朝夕并不是创业的正确做法。

我劝你先平静下来，要知道，一切没有找对秘密的创业都是在"谋财害命"。谋的可能是你一家人的财，也可能是投资人的财，而害的肯定是你的创业生命和员工的职业生命，有时还会危害家庭。那么，如何才能确定自己是否找对了秘密呢？你需要验证下面两个概念："价值假设"和"增长假设"。

1. 价值假设

所谓价值假设，是假设客户在使用你的产品和服务时，能够实现他们的价值需求。而验证价值假设，简单说来就是在创业之前，你应当先弄明白自己即将做的这件事到底有没有价值；价值是真实存在的，还是仅仅停留在你的想象中。

樊登读书有位女性会员，她是广播电台的夜间谈话节目主持人。在主持节目的过程中，她认为自己发现了一个市场空白，于是辗转找到了我，跟我说了她的创业想法。

"樊登老师，自从听了您讲的关于创业的书，我的创业梦想被点燃了，一直都在按照您说的方法寻找可能存在的既大又痛的社会问题。前几天做节目时，我觉得自己终于找到了。

"我是做夜间谈话节目的，每晚都有人跟我倾诉，说跟母亲或者父亲的关系不好。其实他们心中有爱，但面对父母就是张不开口，只好说给我听。我觉得这里边潜藏着一个巨大的市场，中国人的表达方式比较含蓄内敛，不像西方人那样有爱就能大声说出来。这就是我找到的创业方向，他们不好意思直接跟家人表白，完全可以说给我听。我录下来之后制作成广播剧，再配上背景音乐，叫作《我的老父亲》或者《烛光里的妈妈》都行，他们可以在合适的场合或环境下放给父母听，效果肯定非常好。一次收费不用多高，几百块钱就可以，性价比远超过生日蛋糕。这个潜在市场太大了，我们的成本也不高，完全可以靠量取胜。"

她的口气十分兴奋，我就知道事情不妙，连忙问她："你验证过自己的这个想法吗？"

这位女孩非常坚定地跟我说："不用验证啦，我对这个想法很有信心。我已经将工作辞了，还把家里的一套房子卖了，又找了几个志同道合的伙伴凑了 300 万元，租了 300 平方米的场地，开了一家咖啡馆。我在咖啡馆中间布置了一间录音室，专门做我跟您说的这件事。平时没有业务的时候，还可以顺便卖咖啡，现金流肯定断不了。"

听了她的话，我知道木已成舟，再建议她验证价值假设已经没有多大的意义了，只好祝她创业顺利。有些人创业特别讲究"姿势"，这一点我在辅导我太太创业时深有体会。就跟女孩打高尔夫球一样，打得好不好是其次，最重要的是挥杆的动作一定要优雅，最好有专人负责拍照发朋友圈。

什么样的创业算得上"优雅"呢？先得租个装修高档的办公室，地方不能太小，最好能在市中心的繁华地段。秘密的价值还没有得到验证，大把的现金就如流水般花了出去。除此之外，这位女孩还"创意"地开了一家咖啡厅，这可是一个深不见底的行业，外行人很难涉足，我对她的创业前景十分忧虑，因为她创业风险之高令人胆战心惊。

要想攻破客户的心理防线是多么困难的一件事。大多数中国人的性格比较内向，羞于情感表达，关系越亲近就越是如此。有些话当着面不好意思说，变成录音就好意思播吗？这个秘密的价值原本就无法得到验证。

半年之后，我参加樊登读书的一个线下活动，这位女孩带着一脸愁容也来参加了。我看她的状态不太好，便关心地问她："最近怎么样？客户积累了多少？"

她很坦白地告诉我："干了将近一年，付费的一个都没有，只给朋友录了几个免费的。对方播没播、播出的效果如何，这些我都不太清楚，也不好意思问。"

我又追问了一句："那你的咖啡馆呢？经营得还好吗？"

听到我的问题，她的情绪更加低落了，小声跟我说："咖啡馆也天天赔钱，每天都有好多学生来咖啡馆里写作业，点一杯柠檬水就能坐一天，怎么赶也赶不走。前期凑的300万元没多久就赔光了。因此，我跟我老公经常吵架，合伙人也找我算账，说我骗了他们。被逼无奈，我只好又回广播电台打工。"

这位女孩的问题出在哪儿？对，她在投入300万元启动资金之前，并没有对秘密的价值加以验证。这世上每天都会出现很多相当棒的想法，但大多数仅仅停留在"看起来很美"的层面。如果你不去验证，就没法知道它是对是错、能不能真正为用户带来价值。在这个基础上创业，失败的风险很大。

我是如何验证秘密的价值的呢？大家都知道樊登读书做的是线上知识付费，其实这件事的价值在我给EMBA班上课时就已经得到验证了。

我一开始之所以会做樊登读书这个产品，是因为看到很多人不读书，很着急。我自己是一个靠读书解决所有生活问题的人，甚至通过看书来解决孩子的教育问题，我是一个快乐的父亲。

我的初心是想解决一个社会问题。刚开始，我告诉EMBA班上的学生："你们谁愿意读书就给我交 300 块钱，我每年通过电子邮件给你发 50 个 PPT，都是我讲的书。"

就这样，我发展了自己的第一批会员。在很长一段时间里，这批会员很少给我直接反馈。这时我做了一件事情，我给其中的一位会员打电话，问他："你收到我的 PPT 了吗？读了没有？感觉怎么样？"那个人特别客气地跟我说："收到啦，只是没抽出时间来读，放着过年一块儿读。"

50 个 PPT，过年那段时间肯定读不完，很明显这位会员在敷衍我，他买回去后并不打算认真看。这说明什么问题？说明我当时找到的秘密并不对，但这件事情本身很有意义，它验证了本节的主题——价值假设，说明确实有人愿意为这 50 个 PPT 买单，这是核心。在验证了价值假设之后，我开始不断优化这个产品，从电子邮件发 PPT，发展为开微信群做直播，再后来开微信公众号，一步步优化到了 APP。

亲爱的创业者朋友，如果你确实相信自己找到的社会问题够大、够痛，确实愿意为自己的秘密付出大量的时间、金钱和精力，那么请你务必先去验证它的价值。哪怕你认为你卖的是一个无比正确的产品，也要先行验证。

请记住，验证的最好方法是"卖"，而不是"问"。在这个世界上，想当创业导师的人太多了，他们都能对你的创业思路指点一二，但如果让他们掏出真金白银来支持你，他们就会认真地考虑是否值得。所以，价值假设最好的验证方法就是收费。

2. 增长假设

在验证了秘密的价值之后，接下来还需要验证这个秘密的增长能力，也就是我经常说的增长假设。如果客户使用你的产品后，觉得确实很好，能够满足他的实际需求，体验也不错，那么他会推荐给其他客户，为你进行"转介绍"。这样一来，就能产生"让客户带来客户"的销售效果，让产品的销量持续增长。这一点我在后面的章节中会详细介绍，此处不过多展开。

为了让创业者更加深入地理解这两个假设，我总结了两句话，在此和大家分享。

第一句说的是价值假设——客户是否会为你的产品或服务尖叫？因为只有给客户提供足够的价值和服务时，他们才会尖叫。

第二句与增长假设有关——客户是否会把你的产品或服务推荐给他的朋友？因为只有推荐给他的朋友，你才能拥有更多客户，企业才有可能实现快速增长。

在这两个假设都成立的前提下，你的产品或者商业模式才有可能成功。但如果找到秘密后，你过于兴奋，在这两个假设都没有得到验证时，就急不可待地生产产品、投入市场，那么最后往往会被打击得头破血流，浪费精力。

打造最小化可行性产品

对创业者来说，最大的浪费不是员工上班时间上微博、逛淘宝，不是打了广告没效果，而是辛辛苦苦找到的秘密得不到客户的认可，做出来的东西没有人用。后者才是创业公司最不应该犯的错。

互联网时代早已不再是线性时代，过去所有的商业规则都已被数字化，我们对这个全新的世界了解得太少，只能不断探索和成长。但是，创业者手上的钱大多十分有限，无法承受大的风险，怎么办？我给你们支个招——MVP，学会用最低风险的方式去探索未来。

MVP 是英文 Minimum Viable Product 的缩写，翻译过来叫"最小化可行性产品"，这是埃里克·莱斯在《精益创业：新创企业的成长思维》一书中提出的理念，它得到了许多创业者的认可。具体来说，当你想要尝试你的想法时，风险最小的方式是在开始时不要投太多钱，而是先做一个简单的原型，也就是最小化可行性产品，然后通过测试，收集用户的反馈，快速迭代，不断修正产品，最终适应市场的需求。MVP 有两个关键点，分别是最小化和可行性，让我分而论之。

1. 最小化

我深知 MVP 的重要性，因此当我创办樊登读书时，一分钱都没有投，我不需要创业的姿势。我在北京没有办公室，就在我家楼下的咖啡馆办公，每次花 20 多块钱，水电费都不用交，谁要是来拜访我还得自己买单。我的原则是挣来的钱尽量不花或少花，所以我用发电子邮件的方式来验证我替别人读书这件事是否可行。

美国的 Groupon 号称人类历史上做到十亿美元营收用时最短的公司。Groupon 相当于美国的美团，你可能无法想象，这样一家开启美国"全民团购时代"的超级独角兽，最早的 MVP 竟然一分钱也不用花。

这家公司发现的社会问题就是团购需求。他们找到了生产 T 恤的厂家，谈定了 8 美元一件的团购价，但必须凑够 100 件才能生产，而类似的 T 恤在市场中正常的售价是 12 美元，存在 4 美元的差价。重要的是，厂家还负责送货上门。

接下来，这家公司的员工去美国的各大论坛发帖子，以 10 美元一件的价格征集意向客户，不到一天的时间便凑够了 100 个。于是，他们将 800 美元的货款支付给厂家，厂家在很短的时间内生产并发货，一次交易就此完成，毛利润是 200 美元。除了人工成本，这家公司并没有额外花销。

所以，你可以打造一个最小化可行性产品，能不花钱最好就不花钱，能花 1 万元搞定的事情就别花 5 万元，能花 10 万元的就别花 100 万元。有些创业者的手笔比较大，动不动先租个店面，我的建议是千万别这么干，风险太大了。一个初创企业，完全没有必要租个店面，这样太铺张。能不能先租个柜台？能不能先去别人的店面分一个角？

那些含着金汤匙出生的创业者可能愿意花 500 万做一个最小化可行性产品，但对一般的小体量创业者来说，一二十万就已经是一个相当大的数字。如果花了 20 万还没有实现前期定下的市场目标，那就赶紧撒手。要知道，那些"锲而不舍"的传说实际上是创业者的毒药。

当下许多媒体愿意将目光聚焦于那些声名赫赫的创业英雄身上，认为历经千辛万苦，在前景看似暗淡无光的情况下最终力挽狂澜，才是胜利者应该有的故事。然而不幸的是，很多无名创业者的故事却无人关注，他们"咬定青山不放松"，明知风险巨大依然不管不顾，最终走向破产。而对初创型企业来说，MVP 的目的就是将转弯的成本最小化，因为公司体量小，决策成本低，创业者做出改变的方式相对比较轻松。

2. 可行性

虽然我一直在强调要尽量控制前期成本，将风险降到最低，但并不意味着我不重视产品的可行性。很多创业者了解了 MVP 的概念后，似乎都将重点放在了"最小化"上，而忽视了"可行性"的部分，以至于他们给出的解决方案非常不稳定，产品很难用。给大家举几个我身边的例子。

有朋友给我送过一套"智能家居"系统，可以用来控制家里的灯光和门锁，还能让我在离家时监控屋内的情况，看看老人和孩子有没有出现意外。看起来确实蛮有用，但是这套系统隔三岔五就会出点问题：不能按时控制灯光，门锁有时也打不开。在家里的 Wi-Fi 中断时，这个系统也会中断，我便只能将其束之高阁。

我太太是做美容相关行业的，比较关注体重和健身。出于这方面的考虑，她在家里的浴室放置了一个智能体重秤，可以通过 Wi-Fi 直接连接到健身设备。这个体重秤的电池需要每年更换一次，可是在我换完之后，它竟然"忘了"我家的 Wi-Fi 设置，结果我又花了半个小时用电脑和各种移动设备才重新把它和 Wi-Fi 连上。

我还有一个能联网的体温计，需要安装 4 节 7 号电池才能使用，但是电量最多只能待机一周。这便导致我每次使用时都得为它更换电池，毕竟没多少人会一周发一次烧。

　　良好的用户体验应该是"最小化"和"可行性"二者的有机结合。如果过于重视成本控制，忽略了产品的可行性，最终只会产生糟糕的用户体验。很多创业者项目的研发过程比较长，无法实现快速迭代，又与客户的生活环境息息相关，因此更需要重视产品的可行性，否则会严重地影响客户的体验。

　　该如何避免这个问题呢？关键在于"平衡"，把成本的"最小化"和产品的"可行性"结合起来，放在同等重要的位置。只有真正实现两者的平衡，才有可能找到真正能够打动客户并让客户愿意买单的产品。

融资需有度，钱不是越多越好

我想告诫所有创业者，在寻找秘密的过程中，千万不要忽略现金流，现金流出问题是很多创业公司倒下的一个重要原因。我见过特别多的创业公司，在前期一直处于纯投入阶段，创始人心比天高，铆足劲儿想为自己打造一条足够宽的护城河。但是，他们对现金流不够重视，一旦融资环节出现了问题，资金链条断裂，立刻树倒猢狲散，所有的前期投入都打了水漂。所以，在发现秘密的过程中，一定要把现金流放在非常重要的位置。

强调一下，我希望创业者重视现金流，并不是鼓励创业者不断寻找更多的融资，这是两个完全不同的概念。所谓正向现金流，顾名思义就是你得有不断流进来的现金，让自己的公司尽可能处于赢利状态，而不是靠融资续命。

有融资肯定是件好事，手中有粮，自然心中不慌。但融资需有度，钱并不是越多越好。很多看起来美好的项目，尤其是二次创业，最终都死于手里的钱太多。即便你有融资的能力，也别融太多钱，这对二次创业者而言，是潜在的巨大风险。

前段时间，我跟曾任《中国企业家》杂志社社长的刘东华一起吃早餐，他从杂志社离职后创立了正和岛，想和我探讨合作的可能。在边吃边聊的过程中，我跟他提出了我的观点："我认为，二次创业之所以失败率这么高，很大一部分原因就是钱太多了。"

刘东华非常肯定地点了点头，说："对。"

我连忙问他："你也这么认为？为什么呀？"

他自嘲地笑了笑，说："我就是一个典型的例子。我接过《中国企业家》杂志的时候，手里一分钱都没有，真算得上一穷二白。怎么办？只能是用心打磨每一篇文章，保证所做的每件事都是对的，因为我们犯不起错误。"

我对刘东华的说法颇为赞同，他和老牛（牛文文）都是我十分钦佩的媒体前辈，正是因为他们对内容的严苛要求，才有了后来生存能力极强的《中国企业家》杂志。这一批认真敬业的媒体人扛起了中国商业媒体的大旗。

刘东华接下来的话令我十分震撼："媒体人你也了解，认识的人比较多。2012 年，我离职创办正和岛，比较容易就能获得几个亿投资，马云、柳传志他们也都愿意给我投钱。钱来得太容易，我一度比较激进，现在想来很不应该。

"手里有了钱，很快就组织了一个 200 人的团队，运营成本可想而知。后来有一天，我和马云聊天，马云在知道正和岛现在有200人后，很严肃地告诫我：'竟然用200人的团队来经营一个社群，太奢侈了。心态膨胀得很厉害，赶紧回去裁员。'

"马云的话点醒了我，回去后我总结了一下，之所以会犯这样的错误，是因为我过于膨胀了，没有管理好自己的心。"

确实如此，很多二次创业者在拿到大量融资后，心态出现了明显的膨胀，思维方式出现了很大的转变。由于没有资金上的压力，没有生死存亡的危机考验，他们很容易循着令自己最舒服的套路，按部就班地往前走，风险的种子就此埋下。反正账上有钱，那就先花钱培养用户，然后花钱打榜吸引眼球，接下来花钱推广品牌。每一天都想尽办法花钱，突然有一天，资本寒冬到了，投资方答应投的钱到不了账，那就只有死路一条。

4

反脆弱的结构
设计

低风险创业的核心，其实体现在反脆弱上。创业是一个复杂的行为，没有人能通过简单地模仿复制别人的成功。任何创业秘密、商业节奏和团队管理手段，离开了特定的环境和背景，都难以复制。真正能够有效地帮助创业者降低风险的是反脆弱的结构设计。

学会从不确定中受益

如果问大家"创业最怕的是什么",相信每个创业者都会给出自己的答案。一千个人心中有一千个哈姆雷特,一千个创业者心中自然也会有许许多多最害怕出现的事情。大到经济环境恶化、相关政策调整,小到原材料涨价、关键员工离职,凡此种种,不一而足。这些潜在的风险其实都是表象,归根结底,大家都害怕一件事——可能出现的不确定性,而我给出的解决方案是"反脆弱"。每个渴望降低风险的创业者都必须非常了解反脆弱的精神。

前段时间,我跟一位期货操盘手聊天。他跟我说:"我总算明白养猪大户那么多,动不动就养成千上万头猪,但大多数都挣不到钱的原因了。"

这位期货操盘手,在业内也颇有名气,竟然还对养殖业有研究,这让我非常好奇,便问他:"你认为原因是什么呢?"

他不假思索地说:"养猪的人都有一个共同的特点,一开始养

100头猪，赚了钱以后就养200头，200头又赚钱了，接着再养300头……直到猪瘟发生，全部赔进去。"

这就是脆弱性。特别多的初创企业倒闭都是这个原因，这些创业者没有思考过"脆弱"与"反脆弱"的关系。要想弄明白什么是反脆弱，先得了解一个概念——黑天鹅事件。所谓反脆弱，其实就是如何应对黑天鹅事件，从随时可能发生的不确定中受益。

黑天鹅事件的概念，最早是由著名风险管理理论学者纳西姆·尼古拉斯·塔勒布在《黑天鹅：如何应对不可预知的未来》一书中提出的。这本书对我影响很大，我的很多观点和做法都源于这本书，创业者朋友们如果有机会，不妨都深入学习一下。

在发现澳大利亚的黑天鹅之前，欧洲人一直认为天鹅都是白色的。随着第一只黑天鹅的出现，这个不可动摇的信念崩坍了，欧洲人根据几百万只白天鹅得出的结论被彻底推翻。所谓黑天鹅事件，指的是不可预测的重大稀有事件。它在意料之外，却又改变一切，这就是"不确定"。人类总是过度相信经验，而不知道黑天鹅事件出现一次就足以颠覆一切。

在塔勒布看来，一次典型的黑天鹅事件往往具备以下三个特性。

1. 意外但必然性

黑天鹅事件往往出现在通常的预期之外，也就是在过去没有任何能够确定其发生的证据，但它一定会发生。

2. 冲击性

黑天鹅事件一旦发生，会给原本发展态势良好的社会、组织或个人带来致命打击，产生极端后果。

3. 事后可预测性

虽然黑天鹅事件具有意外性，但人的本性促使人们在事后为其发生编造理由，并且或多或少地认为它是可解释和可预测的。

回顾过去，极少数根本无法预料却影响巨大的黑天鹅事件，甚至能影响一个国家的命运，自然也会影响每一个创业者的命运。

金山、卡巴斯基等杀毒软件曾雄霸中国市场，但360杀毒软件却不按规则出牌，高举免费大旗，让收费杀毒软件失去了市场基础；诺基亚、摩托罗拉等品牌在手机制造事业如日中天时，永远想不到智能手机的出现会让自己彻底沦落；滴滴打车的异军突起，也让传统出租车行业感受到阵阵寒流。

《黑天鹅：如何应对不可预知的未来》这本书中有一个核心的假设：你不需要去猜测黑天鹅事件，因为它一定会发生。这是大前提，就像你这一辈子总会遇上一些难以想象的、特别恐怖的事一样。既然黑天鹅事件的发生是必然的，并且会产生致命的打击，那么如何应对就成了每一个创业者的必修课。创业的脆弱性越来越强，风险也就越来越大。在看不清的变数里，如何才能未雨绸缪、立于不败？塔勒布在他的另一本书《反脆弱：从不确定性中获益》

中，给出了解决方案——反脆弱。

那么，什么是反脆弱？就是当你知道黑天鹅事件一定会发生的时候，你必须具备的一种能力——变得更好，而不是保持不变，或者变得更糟糕。说到这里，需要先明确一个观点：反脆弱绝不等于坚强不屈，创业者们一定要分清坚强和反脆弱的区别。

如果你将一只玻璃杯扔在地上，那么它肯定会摔个粉碎，即便杯子是钢化玻璃材质，只要你稍微用点力，依然逃不过这个结局。玻璃杯是脆弱的，当"突然被扔到地上"这个黑天鹅事件发生时，它的下场会很悲惨，连绝地反击都做不到。

如果你将一个铁球扔到地上，它不会发生任何改变。那么，这个铁球是反脆弱的吗？不是。它能从黑天鹅事件中受益吗？不能。它最多能在地面砸出个坑来，这叫坚强，即在黑天鹅事件发生时保持不变。

但是，如果你将一个乒乓球扔在地上，会发生什么情况？显然，它会在碰触地面的瞬间反弹起来，扔的力度越大，弹得就越高，这就是从不确定中受益。乒乓球具备的正是反脆弱的能力。

脆弱的反面并不是坚强。坚强只能保证创业者在不确定中维持原状、不受伤，却没有办法更进一步、让自己变得更好。而反脆弱的能力，不仅能让创业者在必然出现的不确定风险发生时保全自我，还能让其变得更好、更有力量。

人体是反脆弱的典型代表。人如果得了重感冒，就会发高烧。

高烧的目的其实是杀死感冒病毒，而感冒痊愈后，人体对同种感冒病毒的抵抗力就会增强。

大家小时候都注射过各种疫苗，疫苗其实就是病毒，只不过病毒含量比较小。接种疫苗的过程，就是主动让人体接触微量病毒的过程。很多人在接种疫苗之后会发烧，就是在抵抗这种病毒的入侵。但人体只要接触这种病毒一次，就会产生抗体，使自身具有反脆弱性，以后就很可能再也不会得这种病了。

在创业的过程中，除了会遭遇黑天鹅事件，还常常要面对能够给你带来进步机会的挑战。所以，你需要具备反脆弱的能力，主动为自己设计一整套反脆弱的商业结构，增强自己的软硬本领，努力从中获益。

腾讯和奇虎360之间的"3Q大战"就是一个很好的例子。腾讯强迫用户在QQ和360之间进行"二选一"的时候，发现竟然有很多用户选择了360。这个结果出乎马化腾的意料，让他意识到一个新的问题：过于强势的互联网公司往往会让用户产生逆反心理。

于是，腾讯改变了竞争策略，提出了著名的"半条命原则"——我们只留半条命，把另外半条命交给合作伙伴。此后，腾讯开始了大范围的商业投资，全面寻找各领域的合作伙伴。

大家都知道，京东商城通过"6·18"年中大促和"双十一"挣了很多钱，但从中受益最大的不是创始人刘强东，而是腾讯，它是京东的第一大股东。

　　2017 年 10 月 23 日，阅文集团在港交所上市，腾讯于其中占了
65.38% 的股份，是不折不扣的第一大股东。

　　2017 年 11 月 9 日，"死磕百度 15 年"的搜狗在纽交所上市，
创始人王小川占股 5.5%，大家猜一下第一大股东是谁。还是腾讯，
它拥有搜狗 43.7% 的股份。

　　2018 年 7 月 26 日，成立不到 3 年时间的电商平台拼多多在美
国上市，它号称中国互联网最快上市的企业，市值赶上了京东商城
的 2/3，而腾讯在其中占股 18.5%。

　　上面说的这些投资案例给腾讯带来了极其丰厚的回报，但这对
于腾讯来说也只是冰山一角。腾讯投资的公司业已渗透大家的"衣
食住行"：社交用微信、QQ，支付也用微信，出行用腾讯投资的滴
滴打车、摩拜单车，购物用腾讯投资的京东商城，看电影用腾讯视
频，听音乐用 QQ 音乐，看小说用阅文的平台，吃饭也要用腾讯投
资的美团、大众点评……

　　大家发现了吗？腾讯已经从过去的"企鹅帝国"转型成一个庞
大的生态系统。变成生态以后，谁都不怕腾讯，甚至希望可以招来
腾讯的投资，共生共荣。这就是腾讯反脆弱的表现，一件坏事让它
变得更加强大。

　　360 也一样，因为"3Q 大战"，创始人周鸿祎差点陷入牢狱之
灾，但在事情结束后，他的知名度暴涨，业界地位显著上升，这是
360 反脆弱的表现。后来，我在和周鸿祎聊天时，问他："你觉得谁

才是'3Q大战'最后的赢家?"周鸿祎告诉我:"双方都赢了,两家企业都具备超强的反脆弱能力。"

从不确定中找到生存点和发展点,这就是低风险的创业过程。

设计反脆弱的商业结构

前段时间，我去了一趟义乌。我问一个当地卖包的商人："你的生意好做吗？"

他苦着脸对我说："过去挺好的，但现在一落千丈。"

我连忙问他原因，听完后哭笑不得。大家不妨猜一下，他说的原因是什么？

他跟我说："最大的原因就是不让我们印钢铁侠了。"

在卡通片《喜羊羊与灰太狼》霸占屏幕时，大街小巷都是与之相关的周边产品，从书包、尺子、铅笔盒到抱枕、毛绒玩具，各式各样，应有尽有。后来，钢铁侠风靡全球，义乌的很多商人又将目光转向了漫威影业，在各种周边产品上都印上了钢铁侠的图样，销量暴涨。

随着时代的进步，我们越来越重视对知识产权的保护。如果未经正式授权，钢铁侠的图样便再也不让随便印了，这对义乌的商人来说就是一只突然出现的"黑天鹅"。原本畅销全国的周边产品，其销量出现了断崖式下滑。为了应对这一情况，他们就将一些跟钢铁侠很像的形象印在产品上，但效果并不是很好，日子也越来越难熬。

反观漫威影业，为了打造蜘蛛侠、钢铁侠、绿巨人、美国队长这些享誉全球的超级 IP，它每年都会拍几部商业电影，由此构建出越来越宏大的"漫威宇宙"。漫威影业拍的电影绝大多数都不赔钱，IP 卖出去更赚钱。即便黑天鹅事件不期而至，一个或几个 IP 出现问题，还有大量的替补，"漫威宇宙"也不会因此受到致命冲击，这就是漫威设计的"反脆弱结构"。如此往复，生生不息。迪士尼、麦当劳、英特尔这些公司都是如此。

什么叫作反脆弱的商业结构？一个具备反脆弱能力的创业项目，最重要的设计特征是成本有底线，即便你一直亏本，最多到达成本的底线，而不会无休止地亏下去。但收益却没有上限，我们可以不停地赚钱，不会出现明显的"天花板"。

再来看看脆弱的商业结构：成本无底线，而收益却有上限。你们见过这样的生意吗？如果一切顺利，自然能够赚钱，但赚的钱是有上限的，一旦亏钱却是一个"无底洞"，这种生意模式的风险很大，比如开饭馆。可能大家都不知道，我也曾开过饭馆，这是我唯一失败的创业经历，希望创业者朋友们引以为戒。

餐饮行业是典型的"四高一低"：税费高、房租高、原材料成本高、人力成本高、利润低。换句话说，餐饮也是一个非常烧钱的行业。开一家饭馆，单房租和装修就是一笔不小的成本投入。不会控制成本的饭馆，最终必死无疑。

我开的那家饭馆用的是自己的商铺，不用交房租，"四高"里少了一高，在成本上其实比较有优势。刚创业时想得很简单，不用选址交房租，剩下的无非就是运营费用，卖几碗面不就挣回来了吗？为了这个想法，我还在老乡中小范围地搞了一次众筹，筹到了100多万元的启动资金。

饭馆的收益上限很明显，总空间是有限的，即便翻台率再高，能产生的收益也是有限的。更何况，对一家新开的饭馆来说，提高翻台率可不是朝夕之功。餐饮行业对黑天鹅事件的抵御能力很差，一旦门口修路或隔壁装修，就会让生意大幅度下滑，甚至有可能天天赔钱。但税费和人力你都省不下来，总不能因为没有顾客就让厨师回家休息。时间一长不见情况好转，我只好让饭店关门止损，把铺位租了出去。

天天赔钱对一般的创业者来说，是一件很可怕的事情，因为你看不到希望，对未来失去了掌控，继而会产生巨大的压力。之前说过，压力会使人的皮质醇水平偏高，让人情绪焦躁。这是一个恶性循环，你情绪焦躁可能会影响员工的工作态度，厨师情绪焦躁可能会影响菜品质量和口感，而服务员情绪焦躁就有可能导致大量内耗。

我有一个很有钱的好朋友开了一家潮汕海鲜酒楼，一年亏了2000万，连续亏了几年。一个人再有钱，也禁不住这样亏下去。在我的"现身说法"下，他最后也只能忍痛关门歇业。盘点时才发现，店里的服务员内外勾结，不仅虚报采购价，就连盘子都背着他偷偷卖掉了。在这种情况下，高风险才是常态，而且永无止境；赚钱反倒属于意外了。

所以，当你找到一个社会问题之后，需要事先设计一个具备反脆弱结构的商业模型，才能具备一定的反脆弱能力，才有可能应对随时可能出现的黑天鹅事件。否则，下一个倒下的可能就是你。

心细的朋友可能会问："樊登老师，麦当劳也是开饭馆的，但你之前说它是反脆弱商业结构的典型代表，这是不是相互矛盾了？"在这里，我有必要进行详细的说明。

从表面上看，麦当劳确实从事的是连锁餐饮行业，并且将店铺开到了世界各地。但事实真是如此吗？也不尽然。麦当劳最重要的产品，并不是薯条、可乐、汉堡和玩具，虽然它是世界第一大玩具经销商（根据研究机构 Nutrition Nibbies 的数据，麦当劳每年通过全球 3.7 万家门店向外输出超过 15 亿个玩具），销量远超另外两大玩具经销商——玩具反斗城和沃尔玛。

麦当劳做的其实是知识产权生意，店铺就是 IP，这才是它最重要的产品。麦当劳的店铺实现了高度的标准化，加盟费为 250 万～ 320 万元，包含了餐厅的装修、招牌、设备等费用。在确定店

136

址之后，总部还会抽取加盟店产品营业额的 17% ～ 23% 用于支付房租、产品专利费和服务费，人员的招聘与工资结算则由加盟商自主把握。

在创业之初，麦当劳只是一家成功的快餐店，第一家赚到钱后就开了第二家、第三家……遵循了传统的创业模式，而并不具备多强的反脆弱能力。幸运的是，麦当劳并没有这样一直将分店开下去，而是很快转变了商业结构，走上了加盟连锁的可复制道路，打破了收益的"天花板"，而成本却由加盟商自己买单。这样一来，麦当劳便拥有了极强的反脆弱性，即便黑天鹅事件真的出现，也不会对其产生致命的影响。

樊登读书其实也一直践行反脆弱的商业结构。我经常跟小伙伴们开玩笑："你们别得罪我，否则我就把公司关了，自己在家录课在家讲，让各大知识付费平台分销。完全不用养人，风险比现在小多了，还能挣更多的钱。"

有时也会有小伙伴反驳我："樊登老师，你自己录不得花钱搭摄影棚吗？"

面对这种质疑，我总是笑着回应："我就在家录，家里的隔音效果很好，不用搭棚子。另外，我再找几个从事摄影行业的朋友过来帮忙拍摄，一天就能录四期，给点车费就好。这样算下来，每期的制作成本极低，比现在划算多了。"

当然，这只是玩笑。樊登读书能走到今天，离不开每一个小伙伴的智慧与汗水。大家的付出我都看在眼里，记在心中，时刻感恩。随着自身的不断发展，如今的樊登读书已经是一个大家庭，越来越多志同道合的小伙伴加入了我们的队伍，总人数也达到了两三百人。虽然固定成本增加了，但还是有底线的，而收益却不存在上限。现在樊登读书的用户超过了 1600 万，即便这个数字再翻一倍，上升到 3200 万，需要的团队人数还是这两三百人。

反脆弱的商业结构，其实就是将失败的成本控制在最低限度，同时不断放大收益的上限。一旦形成这样的商业结构，企业的抗风险能力就会极大增强，即便出现巨大的黑天鹅事件，你也有充分的转圜余地，可以自由选择下一步的发展方向。

找到"非对称交易"的机会

创业的真相在于你要认清楚这个世界不是线性的。在很多人头脑中存在深刻的线性思维:"我现在一年能攒 20 万元,背了 200 万元房贷,需要 10 年才能还完""我现在是 5 级,每年升一级,8 年后才能升到 13 级""我现在是科员,5 年升一级,20 年后有可能升到正处"……

不瞒大家,我在十年以前想象我十年以后的生活就是:"我终于还完了房贷,跟我儿子嘟嘟说,爸爸从今以后不用再还房贷了,咱们庆祝一下。"十年前的我,压根儿想不到在 2018 年"双十一"的时候,樊登读书仅仅做了一个促销活动,三天时间就赚到两个亿,会员总数从 2017 年的 300 万飙升至 1200 万,两个月后又发展到 1500 万。

樊登读书的发展速度是线性的吗?显然不是。这个世界是曲线的,真正按照线性模式发展的情况少之又少。因此,才会有那么多的不确定和随机事件。

曲线带来的是大量的不对称性，其中蕴含着一种思维方式，叫作"非对称交易"——损失和收益并不完全对应。古往今来，所有成功的商人莫不受益于此，如果能够把握住非对称交易的机会，你便会离成功创业更近一步。

泰勒斯是古希腊时期著名的哲学家，创立了古希腊最早的哲学学派米利都学派，被誉为"西方科学和哲学之祖"。后世若想研究苏格拉底以前的哲学家，泰勒斯肯定是无法避开的人。

泰勒斯是商人出身，却不好好经商赚钱，总在思考一些"没用的事情"，比如哲学。由于他一有钱就喜欢到处旅行，给其他人讲解哲学的奥秘，因此总是攒不下钱来。有一回给人讲课时，别人笑话他说："你都这么穷了，是要把我们也讲穷吗？我们以后再也不跟你学了。"

泰勒斯一听对方这么说，便回答道："我之所以这么穷，是因为不喜欢赚钱，不是因为哲学赚不到钱。既然如此，我给你们展示一下哲学的魅力——我赚钱给你们看。"结果，仅仅用了一年的时间，泰勒斯就成了非常富有的人。

他是怎么做到的呢？大家可能不太了解，古希腊最重要的收入来源是橄榄油，而要榨取橄榄油，光有原料橄榄是远远不够的，还需要榨油机。为了快速赚钱，泰勒斯便凑了一笔钱，跑遍古希腊各地，将全古希腊的榨油机包了下来。

那一年，古希腊的橄榄获得了罕见的大丰收，凡是有人想要榨橄榄油，就得通过泰勒斯。由于垄断了古希腊的榨油市场，泰勒斯轻松地抬高了榨油价格，从中赚了一大笔钱，让曾经质疑他的那些人哑口无言。

这个故事被大哲学家亚里士多德记录在了《政治学》这本书里，有据可查，不是后世杜撰的。此外，书中还附上了亚里士多德自己的评价："你看，泰勒斯这人能赚钱是因为他根据自己的天文学知识，预测那一年一定是橄榄丰收年，于是他就去包下了全希腊的榨油机……"

大家觉得亚里士多德的说法靠谱吗？肯定不靠谱。鲁迅先生在评价《三国演义》时有句名言，叫"状诸葛之多智而近妖"。罗贯中为了凸显诸葛亮的智慧，把他描写得跟妖怪一样，经天纬地无所不能，明显不符合常理。这种说法完全可以沿用在亚里士多德对泰勒斯的评价上，他的评价过于主观，经不起推敲。

事实上，泰勒斯赚钱的原因根本不是他夜观天象、未卜先知，这种风险太大了，而是因为他具有反脆弱的思维，抓住了一次非对称交易的机会。

泰勒斯预付了一点定金给榨油机的拥有者。如果那一年橄榄丰收了，他们的榨油机就全都优先包给泰勒斯使用，具体费用到时再结算；如果那一年气候不好，橄榄歉收，组织人手榨油可能还会赔更多的钱，那泰勒斯就不榨油了，定金也不要了。

泰勒斯最多会损失多少钱？不外乎就是那些定金。可是一旦橄榄丰收，他就有可能赚到比定金多出成百上千倍的钱，这就叫非对称交易，它是一条"微笑"曲线。

如果你想要低风险创业，那么关键在于找到非对称交易的机会。如果你处在一个对称交易的结构中，永远也别想获取丰厚利润。

现在看来，第一批房地产商人就是充分利用了非对称交易的方法。当时并没有现在这么严格的"招拍挂"体系，那批房地产商开发楼盘时，并不需要拿出几十亿元的资金，200万元左右的押金就已足够。

将押金交给相关部门之后，房地产商便可以在拍卖中拿下该地块，此时并不需要立刻付全款，存在一个时间差。在这个时间段里，房地产商便可以拿着相关凭证去银行用该地块办理抵押贷款，再用贷来的款项交付第一笔购地款。此时，房地产商便正式拥有了在该地块进行房地产开发的权力。

接下来是设计环节。房地产商会去找设计院进行楼盘设计，在设计之前约定账期，也就是楼盘卖出后再支付设计费用。有了设计图纸，房地产商又会去找建筑公司，同样约定账期，楼盘竣工通过验收后再给钱。

当建筑公司打好地基，在地面上搭建脚手架时，房地产公司便可以出售楼盘了（所谓"楼花"，是指预售房屋）。卖完楼花，便会有几十亿元的回笼资金，这时房地产商便可以按部就班地支付购买土地的后期费用、设计款、建筑款，并偿还银行贷款，几乎不存在任何风险。

对于当年的房地产商而言，一个楼盘从无到有，他需要的只有一笔押金和一个敢于冒险的想法，这也是当年的房地产市场催生了一批富商的重要原因之一。这是当你学会反脆弱的原理，懂得了非对称交易的概念之后，才能明白的事情。当然，那样的时代一去不复返，现在房地产相关法律法规已经非常健全，压根儿不存在钻空子的可能性。

2001年左右，北京开始兴起买房潮。有一个和我非常要好的朋友跟我说："樊登啊，你何必工作得这么辛苦？要想多挣钱，你多买几套房子就好了。"

听了他的话，我觉得莫名其妙，便问他："我也想多买房啊，可是每个月的收入就这么多，买房的钱从哪儿来？"

他很诧异地看着我，说："哎呀，你还不知道吗？北京现在的政策是零首付买房，你不用交一分钱就可以去银行贷款。现在的房价每平方米才五六千块钱，一套100平方米的房子，只需要贷款五六十万就足够了。每个月只需要还两三千块钱，房租远远超过了月供，你完全可以以租养贷啊。"

朋友的逻辑完全成立，但我一直以来都十分保守，于是又问他："如果房子租不出去，那该怎么办呢？月供对我来说也是不小的压力。"

他十分不屑地回答:"租不出去又能怎样?你要是真的还不上月供了,大不了就让银行把房子收走拍卖,反正你连首付都没掏,从头至尾没有任何损失,就当自己做了场梦好了。"

现在回想起来,我的这位朋友确实很有智慧,他无师自通,学会了非对称交易的原理,并将其运用得炉火纯青。他在北京一共买了 20 套房子,有的是零首付,有的首付是房价的 5%,有的首付是房价的 10%,现在这些房产合在一起大致值两三个亿。有一段时间,他每天开着车到各家收房租,后来有了电子支付,连房租都不用去收了,直接手机转账就好,小日子过得逍遥自在。可惜的是,当时的我并没有读过《反脆弱:从不确定性中获益》这本书,没有想明白非对称交易的道理,只能与机会擦肩而过。

我刚开始做樊登读书时的损失是什么?最大的损失就是学校觉得我工作不认真,不能评教授,我知道这个损失的底线在哪里。所以,这就是典型的非对称交易。

一旦认清了这种非对称性,你就有了更大的选择权,有了更多发挥反脆弱性的空间。乔布斯所说的"stay hungry, stay foolish"(求知若渴,虚怀若愚)也是这个道理,创业者朋友们可以不断地试错,不断地调整,以期实现收益最大化和风险最小化。

固定资产不产出任何收益

很多创业者不明白反脆弱商业结构的重要性，在顺风顺水时，往往喜欢买厂、买地、买生产线。一旦发现订单太多做不过来，就会考虑增加投入，招更多的员工，上更多的生产线。这种做法导致的结果就是企业的规模越来越大，脆弱性也就越来越大。一旦出现"订单断档"的"黑天鹅"，收益将明显下降，可成本却降不下来，规模也就成了企业的包袱。

我有一个朋友，原来在深圳卖山寨机挣了很多的钱。利润处于高峰时，账上据说有5亿元现金。钱多了人就容易膨胀。这位朋友靠销售山寨机获利后并不满足，又去湖南搞了一个工业园区，建起了厂房，引进了大批的设备、科研人员和流水线员工，打算做"中国人自己的诺基亚"，颇有些家国情怀的味道。

月满则亏，水满则溢，黑天鹅事件很快找上门来——苹果手机横空出世。苹果手机对山寨机市场的冲击是致命的，很少有人愿意购买山寨机了。

无奈之下，朋友只能转战东欧市场。由于对方报价太低，每接一个订单就会赔一点钱，但他依然在接。有一天，他开车送我去机场，路上我听他不停地给东欧客户打电话，边打电话边生气。

挂了电话之后，他对我说："瞧瞧这些东欧人，真是太让我生气了。"我连忙问他："出了什么事？"

他愤恨地说："他们每次都压价，都让我在原有价格上便宜一块钱。问题是，我给的价格已经是在赔钱了，再多便宜一块钱，就得多亏一块钱。"

我见他如此生气，便劝他："那就别接了，身体是自己的，气坏了身体什么都没了，没必要和自己过不去。"

他撇了撇嘴，叹了口气，对我说："不接怎么行？那边等着发工资呢。"

各位明白他的困境是如何产生的吗？他如果还停留在卖山寨机的阶段，其实反脆弱性很强，即便山寨机卖不动了，手里还有大量的现金，完全可以转行卖其他商品。可是一旦他将钱投入了固定资产中，账上的 5 亿元现金就一点点地减少，直到最后靠接亏损订单拿预付款来维持企业的正常运转，支付员工的工资。

靠亏损订单维持运转肯定不是长久之计，这位朋友便对我说："樊登，我们认识这么长时间了，我也没求过你什么。现在我确实遇到了难题，如果迈不过去，以后可能会破产。你见多识广，帮我想想办法吧。"

我见他说得恳切，便打算给他出出主意。于是，我问他："你账上还有多少钱？有多少钱就想多少钱的办法。"

他犹豫了很久，终于说出了答案："只有 500 万元了，钱都变成厂房和设备了。"

从账上有 5 亿元现金，一直亏到只剩 500 万元现金，真是令人不寒而栗。我又问他："如果现在把厂房卖了，能卖多少钱？"

朋友听到我的问题后，苦笑道："你开什么玩笑？肯定卖不掉，现在大家都在卖厂房，没有人会买厂房，这些资产算是砸在手里啦。"

在很多创业者心中，固定资产特别值钱，他们都喜欢将盈利不断投入固定资产这个"无底洞"中。这件事情让我十分费解，要知道，固定资产本身不产出任何效益。举个例子，假设美国要将硅谷售出，某国以高价从一众竞争者中购得，是否意味着某国就拥有了世界最精尖的技术产业区？肯定不是。没有人才、没有科技、没有创新、没有知识产权的硅谷，一分钱都不值。它原本只是一片农田，感觉它值钱只是我们自己的妄念。土地、设备、员工对创业者来讲只是负担，会让企业存在极大的风险。

不知道大家对伯克希尔·哈撒韦公司是否了解？这家公司的拥有人是"股神"巴菲特和世界著名投资大师查理·芒格，从事的是投资理财业务。2017 年 12 月 8 日伯克希尔·哈撒韦公司的股价是

50 万美元，成为历史上股价最高的公司。

可能很多人想象不到，伯克希尔·哈撒韦公司的总部竟然没有自己的办公大楼，只是在基伟大厦的 14 层租了半层楼做办公室。巴菲特的办公室只有 16 平方米大小，没有一台电脑，最多的是各种图书和杂志。他曾公开表示："我在基伟大厦这座大楼里办公已经有 50 年了，非常喜爱这座大楼和大楼的业主。他们给了我特别优惠的租金，我在这里的每一天都过得十分开心。"

有人曾问巴菲特："伯克希尔·哈撒韦公司现在有多少人？"要知道，伯克希尔·哈撒韦公司大概管着几千亿美元的资产，大家想象一下这家公司一共有多少名员工。巴菲特的答案肯定会令很多人大跌眼镜，他说："我们公司最近官僚主义非常严重，总部的人员猛增，已经从 15 个人发展到 18 个人了。"

与一般公司相比，伯克希尔·哈撒韦公司没有律师和战略规划师，没有公共关系部门或人事部门，没有门卫、司机、信使或顾问等后勤人员，也不像其他现代金融企业一样，拥有一排排坐在电脑终端前的金融分析师。

到 2018 年年底，伯克希尔·哈撒韦公司的人数长期保持在 25 人，主要包括巴菲特和他的合作伙伴查理·芒格，CFO 马克哈姆·伯格，巴菲特的助手兼秘书格拉迪丝·凯瑟，投资助理比尔·斯科特，此外还有两名秘书、一名接待员、三名会计师、一名股票经纪人、一名财务主管以及保险经理。有人曾就此问题问过巴菲特，老爷子的回答听起来是那么理所当然："公司要那么多人、那么多楼做什么？"

伯克希尔·哈撒韦公司总部的效率如此之高，确实令人震撼。只有 25 名员工，没有自己的办公大楼，却掌管着数千亿美元的资产，这就是观念的差距。很多创业者的做法恰好与之相反。他们会不停地为创业加注，不停地让自己变得更加脆弱，这样反而经不起风险的打击。

可口可乐公司前董事长罗伯特·伍德鲁夫曾夸下海口："只要可口可乐这个品牌在，即使有一天公司在大火中化为灰烬，第二天早上，企业界新闻媒体的头条消息也会是各大银行争着向可口可乐公司发放贷款。"

罗伯特·伍德鲁夫为什么会有这样的自信？原因很简单，可口可乐公司最重要的财富不是它的固定资产，不是厂房和设备，甚至不是它的产品，而是成千上万每天不喝可口可乐就会觉得少点什么的忠实顾客，是它行之有效的管理方式和营销策略，是它的商誉和品牌。即便黑天鹅事件真的发生了，选择权依然在可口可乐公司手中，凭借手中的金字招牌，它照样可以在短时间内东山再起。

创业需要有情怀的追求

反脆弱的原理对每个创业者都意味良多。创业者在成长的过程中，一定要有情怀的追求，因为情怀带有明显的反脆弱色彩。你的使命、个性和气质会把你带到特别想去解决的问题上去，让你对生活始终充满了热情和探索精神。这样的创业者往往更容易成功，更能抵御不确定的风险。

如果一个人没有情怀和理想，创业的目的只是赚钱然后买车买房，成为一个特定模样的人，你的人生就会变得特别脆弱。总会有比你更能赚钱的人，人比人可以气死人，一旦心态发生了变化，你的反脆弱能力就会比较差。

很多学员曾问我："樊登老师，你现在是商人还是知识分子？"

遇上这种问题，我通常会回答："为什么非要界定自己是商人还是知识分子？当我界定自己是商人或是知识分子的时候，我就变成了一个'单向度的人'。这意味着衡量我成功与否的标准只有一个：是商人，有没有上市赚钱？是知识分子，有没有写出有影响力的作品？人生由此变得脆弱。"

任何一个单向度的创业者都会面临崩塌的危险，面临黑天鹅事件的发生。当人生窄化到一个方向时，你就变成了一个标签；反之，如果你是一个"人"，那么你可以在任何一件不确定的事情发生时学到东西，不断成长，不断调整和学习，不断完善自己的人格和创业思路。这样一来，你会发现，无论创业过程中出现怎样的风险和挑战，你永远都是受益者。

但是，如果你是一个有情怀的创业者，那么就算是某个产品没赚到钱甚至赔钱，你还可以享受情怀。我曾在樊登读书上为大家读过秋山利辉写的《匠人精神：一流人才育成的30条法则》，书中说的就是这个道理。

秋山利辉是日本木工业的传奇人物，其创立的"秋山木工"生产的定制家具，常见于日本宫内厅、迎宾馆、国会议事堂等高规格场所。秋山先生强调"先德行，后技能""己成则物成"的大道，与我说的情怀十分吻合。他创立了一套一流人才的育成法则——匠人须知30条，能够有效地帮助创业者朋友们磨炼心性和品格，唤醒体内的一流精神，为使命而活，大家不妨都学习一下。他山之石，可以攻玉，创业者本身需要情怀，而你的员工需要点"匠人精神"。

秋山利辉将"匠人精神"总结为三点："于世情怀、凡事自律和学会感恩。"

我是这样解读的：

1. 创业者需要抱有情怀，热爱、真诚，抑或是专注，这样才能具有较强的反脆弱能力。

2. 无论遇到什么事，做好自己才是关键，别过于在意其他人的看法，你毕竟不是他人眼中的"标签"。

3. 学会感恩他人，重新认识你和父母的关系，和世界和解，你才能真正拥抱创业，去享受创业的过程。既然是享受，肯定不会很辛苦，你也能始终保持愉快的心情。

在全球范围内，历史超过200年的企业大概是5000多家，其中日本有3000多家，占到了60%左右，这与他们普遍秉持的"匠人精神"有着极其密切的关系。我在日本见过非常多的中小企业，祖祖辈辈做的就是同一件事情，你让他做别的他也不做。原因何在？他既享受赚钱的乐趣，也享受假如商品销量不好、卖不掉的乐趣。卖不掉就卖不掉，放在家里自己每天看着也很愉快，这就是情怀。

创业最痛苦的事莫过于只把事业当作谋生的工具。因为无法享受创业给你带来的快乐，所以你会觉得自己很脆弱，满脑子想的都是"我的产品卖不掉怎么办""员工为什么总是不听话""原材料怎么又涨价了"……根本没有看到创业的意义。当你看到创业既可以满足你的物质需求，又可以给社会带来意义的时候，你就增强了自身抗风险的能力。

有意思的是，很多东西刚生产出来的时候没卖掉，后来却能让你赚很多钱。

不知道大家对茶叶行业是否了解。在茶叶行业里，很少有卖绿茶的茶商能够发大财，真正赚钱的全是卖普洱茶的。普洱茶以越陈越香闻名于世，存放的时间越长久，味道就越好。早年有这样一句话用来描述普洱茶的经营模式，叫"爷爷藏茶，孙子卖茶"，意思是普洱茶存放十几年甚至几十年以上，就可以卖一个非常不错的价钱。20世纪80年代的一饼普洱茶，如果存放到今天，市场价值至少在2万元，被誉为"能喝的古董"。

新鲜普洱生产出来以后，如果当年就卖掉，那么茶商赚的是现金流；如果卖不掉也无所谓，找个阴凉的地方存放起来，也算是一种投资。这就是典型的反脆弱。

反观绿茶，在制成后如果没能及时售出，会严重影响它的口感和茶香，存放时间越长就越不值钱。比方说"明前茶"（清明节前采制的茶叶，由于受虫害侵扰少，芽叶细嫩、色翠香幽、味醇形美，是茶中佳品），过了清明，价格就会明显下跌；如果到了夏天还没售出，价格可能就会腰斩；如果一整年都没有卖出去，那么对不起，即便送人都没有人会要了。这意味着茶商在进了"明前茶"之后，必须抓紧时间马上出手。如果卖不掉，他就会很焦虑，无法享受这个过程，更提不上"情怀"二字。

和投资普洱茶一样，从事艺术品、古董等领域投资的创业者，"十年不开张，开张吃十年"，拥有极强的反脆弱能力。

请记住，如果不觉得饥饿，山珍海味也会味同嚼蜡；如果没有辛勤付出，得到的结果将毫无意义。同样，没有经历痛苦，便不懂得欢乐；没有经历磨难，信念就不会坚固；被剥夺了个人风险，合乎道德的生活自然也就没有了意义，这就是情怀的价值所在。

配置你的"创业杠铃"

刚开始做樊登读书会的时候，我是一个大学老师，一个月能挣6000块钱工资，每周只需要工作半天时间，还可以跟很多年轻的学生见面。对我来讲，这是一件特别令人愉快的事。得知我的状态之后，很多人劝我："你做事要专心一点，最好能够辞职，好好创业。"可是我的选择是"脚踩两条船"，一直干到读书会的年收入超过5000万后，我才依依不舍地辞去了大学的这份工作。

各位，你们觉得创业应该辞职吗？创业是应该全力以赴、义无反顾、破釜沉舟、集中注意力，还是应该"脚踩两条船"？

沃顿商学院的某教授提出了一个非常有意思的问题：大家都鼓励别人创业时一定要义无反顾，但为什么比尔·盖茨、马克·扎克伯格、埃隆·马斯克、拉里·佩奇和谢尔盖·布林这些人都是"脚踩两条船"创业？这些影响了世界的人物，当初可都是一边上着大学一边搞创业，这个单子如果能够拿下来就干；如果拿不下来，就接着读书去。

　　经过研究之后，这位教授得出了两个结论。

1. 好的企业家不是善于冒风险，而是善于控制风险

　　你去看马云、马化腾的创业经历，哪一个不是杠铃式配置，反脆弱能力极强的？甚至李嘉诚先生也曾说过："别人都说我善于冒险，其实讲错了。我这一辈子创业，没有冒过一点儿风险。说我投资房地产是冒险，其实根本不是这样！我早几年就开始研究那些标的了，我心里很清楚它值多少钱。所以只是等一个最好的价格而已，怎么会是冒险呢？产业配置也是一样，风险只会越来越小。"

2. 你在一个领域内感受到安全，才能够在另外一个领域内充分创新

　　如果你把所有的宝都押在创业上，那么你一定不敢创新，因为这是你的身家性命。我投资过的很多家公司都是如此，十几年下来还在做同样的业务，毫无创新可言。这些公司的老板其实也有着开拓新业务的眼光和雄心，但只要一影响老业务，马上就打起退堂鼓——这可是他们的命脉所在。

　　如果你希望做到反脆弱，需要学习一件事，就是至圣先贤孔老夫子口中的"君子不器"。所谓"君子不器"，意思是让你成为一个全方位、多向度的人。只有这样，你才是创业真正的主人，拥有充

分的自主选择权，可以在任何层面发挥你的优势。

　　脆弱和反脆弱的最大区别就在于你有没有可选性。只要有选择的余地，就会具备反脆弱的能力；一旦失去选择权，你的公司就是一家十分脆弱的公司。孔子就是反脆弱的典范，他的成功秘诀在于"杠铃式配置"。

　　大家应该都见过杠铃，两头粗，中间细。所谓"杠铃式配置"，指的是创业者需要学会做多手准备，合理分配自己的时间、精力和资源，在杠铃的两头都要有储备，为自己留下充足的选择权，而不是一条路走到黑，在一棵树上吊死。

　　孔子从来没有将自己仅仅当作一名官员，他选择的人生道路是"邦有道，则仕；邦无道，则可卷而怀之"。如果整体大环境良好，国家非常兴盛，他就出来当官；如果大环境不好，国家混乱，他就"卷而怀之"，回家当个老师，教大家研究《周易》和《诗经》。

　　当官和教书，就是孔子为自己设置的杠铃两端。邦有道时就当官，邦无道时就教书，选择权时刻掌握在自己的手中。

　　如果当时的大环境真的兴盛发达，国君贤明睿智，那么历史上便不会留下"孔老夫子"的足迹，他最多也就是鲁国的正卿或相。正是因为不确定性发生了，他所处的鲁国"邦无道"，才有了后来成为万世师表的孔老夫子，受全天下读书人敬仰，遗泽后世子孙。

　　我前段时间看了美国作家沃尔特·艾萨克森写的《列奥纳多·达·芬奇传：从凡人到天才的创造力密码》。列奥纳多不仅是画家、制图家、发明家、解剖学家，还是音乐家和哲学家，他为什么能够成为那么了不起的人？书中给出的答案是——列奥纳多是个私生子。

可能很多人不太理解这个逻辑。私生子和成就斐然有什么必然联系？其实列奥纳多所处的 15 世纪，是一个私生子的黄金时代，那个时代所有成功人士几乎都是私生子。要想弄明白个中缘由，就要回到本节的主题"杠铃式配置"：私生子具有较强的选择权。

如果私生子所在的家族繁荣昌盛，大家都能赚钱，他就可以声称自己是这个家族的人，享受家族的庇护和资助，毕竟肥水不流外人田。一旦这个家族倒霉了，要满门抄斩，他就可以说自己只是私生子，算不上这个家族的人，从而成为覆巢之下的那枚完卵。

在那个年代的意大利，私生子的选择空间比较大，他既可以是这个家族的人，又可以不是这个家族的人。家族好坏对私生子的影响不大，这便让他能够没有压力地愉快生活，使其反脆弱性很强。反观那些家族的嫡系子孙，一旦家族发生了变故，必然会受到株连，因为他们没有事先配置好杠铃的另一端，所面临的风险系数就会很大，黑天鹅事件来临时他们就会十分脆弱。

APP 是樊登读书现在最主要的对外输出方式，如果有一天，我们遇到了巨大的"黑天鹅"，比如 APP 遭受苹果公司的封杀，被直接下架了，会出现什么情况？樊登读书会不会就此一蹶不振？粉丝们是不是再也不能听我讲书了？

　　答案当然是否定的。樊登读书有着很大的选择空间，属于典型的"杠铃式配置"。如果樊登读书真的被 iOS 平台下架了，我们完全可以直接将内容卖给平台企业，说不定还能活得比现在更好。一方面是销量可能会出现新的增长点，另一方面我们能够压缩现有的团队，降低成本。这就是樊登读书的反脆弱能力，只要我们能够在内容层面不断精进突破，就不用担心某一天会遭遇不确定性。

　　退一万步说，如果樊登读书真的遭遇了不测，大部分会员都流失了，只剩下 20 个会员，那该怎么办？没关系，我照样可以干下去，大不了改成精品课的模式。很多创业者会追求不断扩大规模，但我并不认同。就算我一辈子只教了 20 个很厉害的学生，也会有一样的人生体验。

　　创业者朋友们接下来要做的工作，就是通过思维方式的转变，扩大自己生意的选择空间，让自己在风险发生时可以选择杠铃的另一端，从而活得更好。这样一来，你就拥有了反脆弱的本事。

确保公司拥有选择权

需要提醒大家，虽然反脆弱的商业结构是"成本有底线，收益无上限"，但是反脆弱性是可以不断进阶的。在公司的能力不断提升的过程中，反脆弱绝不意味着公司不能够投资科研，而是在确保自己拥有选择权的情况下，有多大的能力就办多大的事情。反脆弱是一种能力，而不是一种构思。无论你拥有怎样的战略目标，进行怎样的战术决策，大前提都是保证自己的安全。成功了最好，不成功也没事，不会让你的企业伤筋动骨。

1. 创业不能反人性

现在创业圈流行一种说法，叫"all in"（赌场术语，意为押上自己的全部筹码），这其实与反脆弱的精神背道而驰。很多创业者动不动就说"创业就是一场豪赌""成败在此一举"之类的话，听起来似乎气魄极大，连自己都会被感动。

但请你冷静下来，细想一下。你能赌得起，你的员工能赌得起吗？他需要拿着下个月的工资去交房贷、车贷、商业保险，去养活一家老小。你赌赢了还好，如果输了呢？他一家人难道不吃、不喝、不上学、不看病？千万别忘记，反脆弱的核心前提是黑天鹅事件必然会发生。创业不能反人性，你让员工时刻处于危机之中，他再正常不过的反应就是"骑驴找马"，随时准备带着你的商业秘密去你的竞争对手那儿上班。

员工如此，你的上游供应商和下游经销商也都一样。假如你从供应商那里拿完货不给钱，账期到了就要无赖，要钱没有，要命有一条，你让供应商怎么办？他也有自己的成本，也有一家老小和员工需要养活。我非常不欣赏这种"拖着全世界陪你创业"的赌徒心态。那些让周围的人变得焦躁的人，多半是习惯以自我为中心、不会考虑别人感受的人。这样的创业者不可能真正关心客户，不会想着为社会解决实际问题，自然也不会拥有更强的反脆弱能力。

2. 反脆弱的边界

确保公司拥有选择权的阈值，我称之为"反脆弱的边界"。不同体量的公司，反脆弱的边界自然不同。很多药厂动辄投入数十亿元资金进行新药研发，在你看来这似乎是一场豪赌，而在总体量动辄上百亿元的药厂看来，这是它能够承担的风险，处于反脆弱边界之内。即便某款药品研制失败，它也能够撬动各种杠杆来筹集资金，进行其他新药的研发。一旦研制成功，药厂的收益是无穷的，这便又回到了反脆弱的商业结构上。

樊登读书现在的反脆弱边界大概就是三五百万元，但我是一个极其保守的人，会将反脆弱的边界人为下调50%。很多创业公司曾找我，让我投资参与其中，觉得我能够为他们带来想法、渠道和经验。

对那些不看好的项目，我会不假思索直接拒绝，而对那些很感兴趣的项目，我给出的答复往往是："100万元能搞定吗？最多150万元，如果还是做不起来，那么对不起，我就不投了。"在我看来，花了150万元还做不起来的事情，即便花1000万依然做不起来。

为了让现代人在下班后有自习的地方，2018年樊登读书提出"一间樊登书店点亮一个社区"的口号，在全国各地陆续设立了将近400家线下书店。大量加盟商都愿意投钱、投人做这件事情，一方面体现了对我们的信任；另一方面还能以此达到品牌露出的效果，卖各种产品和发展会员。

我对这件事的态度很明确，在樊登读书反脆弱边界的范围内，尽量降低每家书店的成本，让加盟商自主经营。年底核算时，能够赚钱的就留下来，选址、生意不好的就关掉。一年下来，樊登书店的数量从近400家下降为200多家，大浪淘沙，出现了很多创新且赢利的书店。

大家不妨猜一下，这将近400家线下书店加在一起，樊登读书一共花了多少钱？我之前也没有仔细算过，只是有个大致的感觉：肯定已控制在反脆弱边界之内。直到年底核算时，我才看到了具体数据。实话实说，樊登读书的成本控制能力连我自己都瞠目结舌。

　　关注用户体验当然是件好事，但一定要有全局思考的能力，不盲目自信，也不贸然行事。诸如"卖房创业"这样的举动十分冒险，还会降低创业者反脆弱的能力，实在不可取。

能力陷阱和资源陷阱

我经常将创业和开车进行比较。创业是一个不断调整的过程，谁也无法一蹴而就。正如开车一样，比如从杭州到北京，你事先并不知道沿途会有多少红绿灯，有多少急弯，有多少隐藏着的大坑，这就需要你在途中不断调整，才能顺利到达目的地。

说起创业路上的坑，能力陷阱和资源陷阱不得不提。很多创业者不是先为自己设计一套反脆弱结构的商业模型，而是先考虑自己擅长做什么，有哪些便利条件和资源，这种思维方式十分可怕。

1. 能力陷阱

2019 年 2 月中旬，我讲了一本叫《能力陷阱》的书，这个书的中文名是我起的。作者是全球五十位管理思想家之一，哈佛大学商学院和欧洲工商管理学院的教授埃米尼亚·伊贝拉。书中提到了一个概念，就是"能力陷阱"。

在生活或工作中，大多数人都乐于去做那些自己擅长的事，一方面因为驾轻就熟，不容易出问题，而另一方面则因为更容易获得成就感。这是一个正向循环，因为你做的次数多，所以你更擅长；因为你更擅长，所以你就更愿意去做。埃米尼亚·伊贝拉将这种现象称为能力陷阱。

或许是受"不熟不做"传统观念的影响，很多律师出身的创业者一辈子多次创业都会围绕律师这个行业打转，开了一个又一个律师事务所。你问他原因，他会理直气壮地反问你："我就是个律师，只会打官司，不开律师事务所做什么？"

律师事务所本身无所谓好与不好，但它限制了你创业的可能性，因此你不会去追赶移动互联网的脚步，不会去做电子商务或其他业务，你会觉得这些并不属于自己擅长的领域，自己并不具备这方面的能力。同样的道理，很多会计师创业就是开一个又一个会计师事务所，厨师创业就会开一家又一家饭店。更有甚者，川菜厨师开的永远是川菜馆，碰也不碰其他菜系……

听起来是不是挺可怕？这种能力陷阱严重地束缚了创业者的想象力，限制了他们的选择权，让他们永远局限于自己的一亩三分地，无法从社会问题出发去解决问题，其抗风险能力极差。陷入能力陷阱的创业者满脑子想的都是如何才能将自己最擅长的生意做得更大、更多，在面对风险时完全没有博弈能力。于是，他们会变成一个故步自封的人，总是担心自己的生意不安全。

我在做樊登读书的时候，连 APP 都不会做，掌握的最高的 IT 技术就是发电子邮件，但我还是去做了。很多人说我是"无知者无畏"，我觉得自己是"无畏者无畏"。唐僧在去西天取经的时候，也不知道路上能遇上孙悟空，但他依然骑着白马上路了。

所以，创业的第一步在于你想为这个社会解决什么问题，而不在于你会什么，有哪方面的能力。即便你什么都不会，只要能找到一个又大又痛的问题，努力去学习、去提升自我，你就都能学得会。

2. 资源陷阱

资源陷阱是和能力陷阱相对的一个概念。陷入资源陷阱的创业者就像发射火箭一样，过于看重资源的作用，创业前一定要事先准备好足够的人力、空间和资金等资源，选择一个良辰吉日点火升空，结果呢？除了少数幸运儿，绝大多数都是壮志未酬泪满襟。我自己也是资源陷阱的受害者之一。

此前说过我唯一一次失败的创业经历，正是因为我手中有商铺，而完全疏忽了选址这件重要的事情，直接将饭馆开在了自己的商铺里。后来复盘时我发现，这正是我此次创业最大的败笔。

正所谓"一步差三市"，开饭馆哪能不选址？选择一个好的店址，绝不只是最大限度地降低房租成本，也会对客流量和营业额产生直接的拉动作用。说得更严重点，选址直接决定了一家餐厅的生死。

　　选址操之过急往往带来一系列问题：客流量过低、品类不匹配、物业纠纷不断……最终导致我将前期筹到的 100 多万启动资金全部投进去也无力回天，我只能无奈地接受现实。

　　总而言之，能力陷阱和资源陷阱是反脆弱思维最大的两个天敌，一旦创业者陷入其中，很快就会将创业的选择空间拱手让出，在风险发生时束手无策，只能坐以待毙。

　　如果创业者想要增强自己的生存能力，那么我建议在清单上加上一条——反脆弱性。如果项目在创业之初就陷入了能力陷阱或资源陷阱中，能否成功完全靠运气的话，那么我送给你一句话——你能想到最坏的事情一定会发生。这是大名鼎鼎的"墨菲法则"，也是反脆弱思维的核心前提，与君共勉。

5

赋能生物态
创业团队

创业是一条孤独而寒冷的路，只靠创始人一人
的智慧和热情难以持久，也容易迷失方向。你
需要的是所有员工的光和热，需要能够实现生
物态增长的团队，需要"群智涌现"、彼此协
同。只有大家抱团取暖，才能降低风险。

机械态管理 VS 生物态管理

在正式向各位介绍生物态团队的概念之前，我希望大家先弄明白一组概念——简单体系和复杂体系，这决定了你在管理创业团队时的思维方式。

简单体系

能够找到明晰因果关系的体系，就是简单体系。如果某件东西在被拆分为足够细小的若干模块之后，还能依照特定的因果关系原封不动地予以还原，那么这件东西就属于简单体系。

打个比方，如果你想造一辆汽车，那么就可以先将汽车分解为底盘、轮胎、动力系统、变速箱、电子系统、内饰、外壳等若干部件，然后逐一弄明白它们的工作原理和制造方法，最后将这些部件按照一定的顺序组装在一起，这样就能得到一辆全新的汽车。

汽车制造是简单体系的典型代表，火箭升空也是如此，只要这个体系可追溯，可分解，可以找到明晰的因果关系，就属于简单体系的范畴。

复杂体系

与简单体系相对的就是复杂体系，你无法从这种体系中找到非常确定的因果关系。

大家应该都听说过著名的"蝴蝶效应"：在南美洲亚马孙河流域的热带雨林中，某只蝴蝶偶尔扇动了几下翅膀，就可能在两周以后引起美国得克萨斯州的一场龙卷风。

蝴蝶扇动翅膀的运动导致其身边的空气系统发生变化，并产生微弱的气流，而微弱的气流又会引起四周空气或其他系统产生相应的变化，由此引发连锁反应，最终导致其他系统发生极大的变化。

这是一个非常复杂的体系，在整个传递过程中，你无法通过调整某个具体变量来改变最终的结局。每一个环节都至关重要，但也都存在变数。比如，孩子的教育便是一个十分典型的复杂体系，很可能某句不确定的话、某个不确定的人或某件不确定的事情，就会对孩子的性格产生深远的影响，导致他的人生发生剧烈转变。你永远无法复制一个人的成长经历，因为其中充斥太多的变数。

樊登读书的会员经常会问我："樊登老师，您小时候读的是哪所小学？高中选的是文科还是理科？大学读的是什么专业？"

第一次听到此类问题时，我特别惊讶。对方对我的成长轨迹如此感兴趣，难道是我的铁杆粉丝？于是，我便问这名"追星族"："你问得这么细，打算干什么？"

他一脸虔诚地看着我，说："您是我的偶像，我打算让孩子也走和您一样的求学路，争取成为和您一样的人。"

我听到他的答案，吓坏了，连忙跟他说："孩子教育可是大事，你千万别开玩笑，这种想法非常不现实。你就算让孩子完全按照我的成长路径来，他也会成为和我截然不同的人，因为你无法复制我人生的所有际遇和情感变化。"

针对体系的不同，又产生了两种迥异的管理思维——机械态管理和生物态管理。

机械态管理

机械态管理思维方式的鼻祖是谁呢？牛顿。牛顿将简单体系发展到了极致，让人们可以通过计算得知行星运行的轨迹。当牛顿的思想引爆世界之后，人类变得无比膨胀，膨胀到认为只要了解事物的每一个部分，就能了解事物的全貌。机械态管理的前身"科学管理"便由此而生。

在 1900 年的巴黎博览会上，美国人泰勒策划了一场重要的展出，他找了很多人来现场表演轧钢的过程。这个过程没有任何核心技术，只是用一块秒表掐算每一个工人的动作时间，然后把它全部固定下来。

泰勒的标准化流程使工人的效率提高了3倍以上，这是科学管理的萌芽。泰勒对整个世界的贡献是巨大的，甚至可以说，没有泰勒就没有科学管理，资本家也无法和工人博弈。

在过去，工人一旦罢工，资本家就无可奈何了。因为工人的技术来自祖传，所以在工作没有标准化的时代，资本家是弱势群体，在工人罢工时就非常痛苦。而泰勒用掐秒表的方法，将工作全部量化，此后资本家变得越来越强势。

泰勒让后来的无数管理者相信，管理学是一门建立在明确的法规、条文和原则之上的科学，理应适用于人类的各种活动，从最简单的个人行为到经过充分组织安排的大公司的业务活动。直到今天，科学管理的许多思想和做法仍被不少公司采用。

科学管理对福特汽车创始人亨利·福特影响深远，他是世界上第一位使用流水线大批量生产汽车的人。通过这种生产方式，他让汽车成了一种大众产品，也让美国成了"车轮上的国家"。在美国学者麦克·哈特所著的《影响人类历史进程的100名人排行榜》一书中，亨利·福特是唯一上榜的企业家。

亨利·福特一生最得意的事情，便是残疾人也可以在他的生产线上工作。只要这位残疾人能够完成一个简单的流程，就可以无缝接入他的汽车生产线。亨利·福特有一句名言至今广为流传："我们只需要一双手，为什么还要一个脑袋？"

绝大多数人都是牛顿和泰勒的信徒，正是用这种机械态管理的方法，马斯克把火箭送上了太空，造出了特斯拉。

世间万事，物极必反。机械态管理的思维方式往往导致盲目的模块化。很多人在做任何一件事的时候，第一想法就是拆分，将这件事情拆分成一个又一个的模块，分别加以实现。使用这种方法驾驭简单体系完全没有问题，但却无法适应复杂体系的需求。我希望大家能记住一句话：打造创业团队需要一个极其复杂的体系，如果你遵循机械态管理的思路，必然走向失败。

生物态管理

生物态管理与机械态管理完全不同，它认为管理是一个复杂的生态系统，不能用机械态和还原论看待人和组织的成长。这是一种可以和牛顿抗衡的思维方式，提供这一思维方法的是《物种起源》的作者达尔文。

有一本书叫《世界观》，书中告诉我们，从亚里士多德开始，人类的价值观怎样一步一步演进到今天的。达尔文的价值观和牛顿的价值观完全不同，他不认为这些东西是上帝算出来的，不认为这些东西是从一个公式推导出来的，或是由一个设计师设计出来的。

他认为万物是"长"出来的。"长"出来以后进行挑选,适应的留下,不适应的拿掉,这就是我们所说的生物态增长。所以,一个人如果拥有了有关复杂体系的想法,就能够理解什么叫作生物态的增长。

什么叫作生物态呢?研究复杂系统的前沿科学家梅拉妮·米歇尔曾在《复杂》一书中,记录了下面的故事。

任何一个对蚁群有过了解的人都知道,单只蚂蚁几乎没有智商,同伴之间靠简单地分泌信息素进行沟通。但是如果将上百万只蚂蚁放到一起,群体就会组成一个整体,形成具有所谓"集体智能"的"超生物",整个蚁群一起构造出的结构复杂得惊人。

蚁群具备"逢山开路,遇水架桥"的本领,比如遇到一条河过不去,蚁群可以抱成一团滚过去。蚁穴就更惊人了,如果你将一个蚁穴掀开,你会发现里边有育婴室、垃圾房、蚁后的房间和囤积食物的房间等,其复杂程度连建筑师都叹为观止。

类似的还有人类的大脑。在大脑中有数亿个神经元,这些简单个体的活动及神经元集群的连接模式决定了感知、思维、情感、意识等重要的宏观大脑活动。

再比如人体的免疫系统。简单个体是细胞,白细胞能通过其细胞体上的受体识别某种与可能的入侵者相对应的分子,从而分泌抗体,搜寻和摧毁入侵者。再加上 B 细胞、T 细胞、巨噬细胞等,细胞们一起上演免疫反应的大合奏。

　　大量简单的东西结合在一起，会产生一种非常重要的效应，这就是生物态，我将其称为"群智涌现"。在人类历史的发展过程中，曾经出现过无数次巨大的变革，这些变革都不是人为设计的。你不可能设计文艺复兴，也不可能设计其他变革。那它们是如何产生的？参与这些变革的人数达到了一定量级，爆炸性的智慧随之而生。正如蚁群和蜂群，单独的个体没有任何智商可言，但成为群体之后便有了惊人的智慧，中国先秦时期的百家争鸣也是同样的道理。

　　在很多创业团队中，普遍存在这样的问题：创业者并不明白简单体系和复杂体系的区别，往往寄望于使用简单体系的机械态管理思维，来解决创业团队这一复杂体系中存在的种种问题。

　　得益于科技水平的不断提升和心理学研究的不断深入，现在确实有很多心理学理论和技术手段能够帮助企业识别、培养人才。我并不否定人才测评和相关探索，只是认为管理者不能把人过度简单化，不能把创业团队的一切事情都交给技术来解决。

　　给大家推荐一本书——《赋能：打造应对不确定性的敏捷团队》，作者斯坦利·麦克里斯特尔曾是美国驻伊拉克的陆军特种部队司令官。他从伊拉克退役以后创建了一家管理咨询公司，帮助客户从过去机械态管理的组织变为生物态管理的组织。

由机械态团队向生物态团队转变的三行代码

前面说了生物态管理在创业团队中的重要性，肯定有人会问："樊登老师，我们的团队就是典型的机械态团队，要怎样才能转变为您说的生物态团队呢？"别急，成功肯定有方法，你需要的不过是三行代码。

不知大家有没有见过海里的沙丁鱼？沙丁鱼群是一个非常复杂的体系，分散的个体几乎没有抵御天敌的能力，好在它们都是群体行动，一起觅食，一起休息，无论何时都抱团取暖。如果遇上鲨鱼等天敌，它们会表现出超强的集体智慧，也就是之前说的群智涌现。

当鲨鱼游进鱼群时，沙丁鱼会自然散开，形成一个可供鲨鱼通过的洞。鲨鱼什么也没吃到就穿过了洞口，当它回头再咬的时候，新的洞口又出现了，鲨鱼只能无功而返。

这种集体智慧从何而来？科学家们做了大量的研究，发现秘密存在于沙丁鱼基因中的三行代码。

第一行代码：跟紧前面的鱼。

第二行代码：与旁边的鱼保持相等距离。

第三行代码：让后面的鱼跟上。

科学家们将这三行代码输入电脑中，并做了大量的模拟测试。运行结果表明，只要拥有这三行代码，电脑中虚拟出来的任何物体都能展现出沙丁鱼一般的超强能力：当鲨鱼过来时自动散开，鲨鱼穿过后再次合拢。

在梅拉妮·米歇尔的《复杂》一书中，记录了下面这段对话，令我印象深刻。

有人问生物学家："宇宙最早是什么样子的？宇宙的发端到底是什么？"

生物学家说："宇宙的发端到底是什么，我也不太清楚，但是如果有的话，那么绝不超过三行代码。"

此人追问道："只有三行代码？那是如何变成现在的复杂宇宙的呢？"

生物学家的回答简明扼要："迭代。"

在未来，所有的机械态团队都会转型为沙丁鱼这样的生物态团队，拥有海量员工。想要管理好一支生物态团队，最重要的事情就是赋予它最简单的三行初始代码，然后不断迭代。这三行代码如下：

（1）为社会做贡献

你的创业目的如果只是想多赚点钱，那么最后的结局一定是失败。就算你确实赚到了钱，也是人生的失败。因为你找不到努力的意义，赚了钱觉得没意思，不赚钱觉得更没意思。因此，我给出的第一行代码就是要为社会做贡献。这行代码出自心理学大师阿尔弗雷德·阿德勒的《自卑与超越》一书："只有把自己的价值和整个社会的价值结合起来，才能解决我们内心的自卑问题。"

（2）终身成长

不管别人怎么评价你，也不管某件事最后的结果是成功还是失败，最重要的还是自己能不能从中学到东西，有没有不断努力、不断成长。这行代码出自心理学教授卡罗尔·德韦克写的《终身成长：重新定义成功的思维模式》一书，此书我会在后面的章节更细致地讲述，这里先一笔带过。

（3）持续尝试新事物

员工一旦陷入舒适区，就会失去前进的动力，出现明显的职业倦怠，整个团队也就失去了进取心。新鲜事物会带来人的求知欲和成就感，你要鼓励员工从舒适区走出来，去迎接新的挑战和改变。

当你将以上三行代码输入每一个员工的脑海中，让他拥有了全新的驱动力时，他的关注点就会从团队内部转移到团队外部，从自身待遇转向个人和团队的成长，这是生物态管理的必经之路。

樊登读书拥有两三百名90后员工，几乎没有人跟我谈论过福利待遇问题。原因就在于每个员工都知道他正在做一件极其有意义的事情，他希望集团变得更加强大、反脆弱。有朝一日他要自己创业，成为樊登读书生态圈中的一个生命体。

每个人都有思想，都有被改变的可能，这是人和其他动物最本质的区别。如果创业者能够给予每一个员工更大的自由度和成长空间，你的团队就有能力容纳海量的员工，而这将是整个组织变革的开始。

母系统的稳定来自子系统的不稳定

过去的很多团队管理者，潜意识中接受的都是机械态管理的思维方式。在他们眼中，团队就是一台永不知疲倦的机器，按照事先设计好的图纸生产出一个又一个标准化的产品。既然团队这一母系统是机器，那么每一个子系统都是机器上的某个零件。

在这种管理思维的影响下，管理者对员工最大的要求就是老实、听话，或者干脆叫作"稳定"。不要有太多自我意识，服从指令就好了。那么，如何才能让员工稳定？机械态管理靠的是"怕"：怕失业、怕扣钱、怕丢脸等。比如，业绩不达标扣奖金、迟到罚站三分钟、团队业绩不好集体做俯卧撑……这些都是机械态管理为了维持母系统稳定而惯用的一些方法。

关于这一点，西方战略管理大师加里·哈默做了一个形象的比喻：机械态团队就像一个马戏团，而管理者和被管理者就像驯兽师和小狗一样。驯兽师拿着鞭子，一声呼喝，一个手势，小狗就会按部就班地做出某种动作，以期得到奖励、逃避惩罚。

员工为什么会"怕"？是因为当时的机会太少。除了打工，员工很难找到其他收入来源，以维持生计，这便会让他十分珍惜来之不易的工作机会，不得不接受机械态管理的条条框框。

随着技术水平的不断提升，移动互联网放大了每个人的能力。现在的人再也不愁缺平台，对有才华的人来说，到处都是舞台。一些互联网平台如微信、微博已经成为普通创业者崛起的重要途径，腾讯、阿里或华为等明星企业的员工如果想要辞职创业，会有很大可能获得前期投资，个人的发展前景也会变得明朗可期。即便是普通人，上班也不再是唯一的收入来源。

在这种时代背景下，人的个性需求也得到了放大，员工越来越看重自己是否被尊重、个人的创意是否有机会实现、自己是否能在平台上获得成长的空间，而不愿意再接受传统的机械态管理方式。

这种变化给管理者带来了巨大的麻烦。人心散了，队伍越来越不好带了，怎么办？别急，你需要的是生物态的管理方式。

母系统是大自然，子系统是生命体

生物态管理和机械态管理最大的区别就在于将整个母系统视为大自然，而不是一部机器，将每一个子系统都视为一个生命体，而不是机器中的一个零件。

　　平心而论，当你将员工真正看作一个生命体时，或者更具体一点，他就是你的亲弟弟，请问你是否忍心一个月就给他发固定的工资，让他老老实实这一辈子跟着你，其他想法都不要有？只靠固定的工资，这位员工肯定没办法买房和买稍微好一点的车，无法让孩子获得更优质的教育资源。但凡家人生一场大病，还有很大的可能会出现经济困难。

　　如果真是你的亲弟弟，你肯定不希望他过这样看似"稳定"，实则脆弱的人生。但很多创业者正是如此对待自己的员工的。一旦员工打算辞职，还会说这人不踏实、没道德，背叛了他。原因何在？可能因为地区、行业差异，也可能因为现金流匮乏，但其中最根本的原因是，在这些创业者的头脑中并没有生物态管理的思维。他们并不认为母系统是大自然，没有意识到每个子系统都是大自然里的一棵树，是一个有机的生命体。他们只将自己看成一名伐木工人，任意砍伐树木的枝干，将其修剪成自己需要的样子，并压榨员工的剩余价值。

母系统的稳定性，来自子系统的不稳定性

　　我经常听到这样的问题："樊登老师，为什么您对团队不加以管控？樊登读书的团队竟然还可以代理其他知识付费平台的业务，请问您是怎么想的？"

我的想法非常简单，就是换位思考。试想，如果你是樊登读书的一名代理商，年富力强，拥有丰富的资源，你是否愿意一辈子只卖樊登读书的产品？一个城市的人口有其上限，当你在这个城市中已经做到极致时，你是愿意维持现状，还是想寻找其他突破口？

要想明白这个道理，你需要先对"大自然"这个概念树立正确的认识。

《道德经》里有这样一句话："天地不仁，以万物为刍狗。"刍狗指的是草扎的狗，一般用于祭祀，用后就会焚毁。这句话的意思是：在天地看来，万物都是一样的，没什么区别。上天对待万物，就像是对待草扎的狗一样，需要的时候就拿来使用，不需要的时候就烧掉。很多人认为老子的这句话特别残忍，但它其实揭示了大自然最深层次的奥秘。

不妨想一下，如果大自然特别爱人类这个子系统，所有对人类不利的事情，大自然都不允许发生，会出现什么结果？山洪不准暴发，台风全都停止，地震也肯定不会发生。殊不知，这些现象都是大自然自我调节的一种途径，如果将这些途径全部堵死，大自然内部长期处于一种不平衡的状态，最后的结果一定是大自然这个母系统的循环体系彻底崩溃，整个世界化为乌有。

要想寻求母系统的稳定，就不能让子系统太过稳定，否则母系统便会面临崩盘的危险。这个原则挪到创业团队这一复杂体系中也同样适用，为了确保整个团队的健康发展，你就不能让员工过于安稳。如果每个子系统都安于现状，不思进取，没有学习和成长的动力，那么一旦外界环境和市场发生变化，整个母系统就会猝不及防，陷于危难。

如果樊登读书对每位代理商都进行非常严格的管控，规定他们只许卖我们自己的产品，而且每个月必须完成一定额度的业绩增长，会出现什么样的结果？表面看来，可能会让每位代理商都十分稳定，安心经营自己的一亩三分地。但更深层次的影响是，无法调动各家代理商的积极性和灵活性，最终导致母系统樊登读书的发展陷入停滞，甚至变得十分脆弱。

每位代理商都是一个独立的子系统，拥有自己的活力，会为了生存不断努力，打造属于自己的强项，而不应该过于依赖母系统，给母系统带来潜在的风险。

在现实生活中，确实有很多公司对代理商有着极其严苛的限制，一旦发现代理商售卖其他产品，不仅会取消他的代理资格，还会将其列入黑名单，让他在全行业内失去生存空间，施行的是标准的"不是恋人，就是仇寇"策略。这样做的结果往往是有能力的代理商和这家公司的关系剑拔弩张，纷纷逃离，留下的只能是那些没有多大能力的人。这一点我在跟台湾地区的企业家聊天时有很深的感受。

台湾地区的绝大部分企业都在寻求全方位发展。大家很熟悉的统一集团，在卖方便面、矿泉水的同时，也涉足了金融、外贸、商业、娱乐、广告和电子等其他领域。台湾地区某知名杂志在卖杂志的同时，还办了幼儿园、培训班等机构，走的也是多元化经营的路子。

在交流时，我非常好奇地问该杂志的一位高管："你们明明是一家杂志社，怎么什么都干呢？"对方无奈地笑了一下，跟我说："这也是被逼无奈。台湾地区的市场就这么大，如果我们只卖杂志，肯定养不活自己。"

很多地方的代理商也是如此。省级代理的空间会大一些，拥有整个省份的市场资源。而市级代理最大的空间也就是一个城市，到了别的城市，就没有人脉资源，也不具备跨区域运营的能力，只能想尽办法将本市的资源吃透。

对待员工和对待代理商是同一个道理，生物态管理的思路就是尽量让员工多元化发展，让他们拥有越来越强大的反脆弱能力。在此过程中，整个创业团队都能跟着受益，何乐而不为？

我跟很多小伙伴说过："你们跟我打一辈子工也可能实现不了财务自由。但是，我个人希望你们都能实现，如何才能实现？答案是你们都得成为樊登读书创业生态的一员。"

为了实现这一目标，多年来我一直都在鼓励团队里的小伙伴去创业，并为他们提供前期的创业资金，在内部打造了一种互动共赢的机制。截至 2019 年 2 月底，樊登读书共孵化 11 家子公司，有樊登读书会的企业版、个人版和老年版，还有樊登书店、核桃书店、樊登商城、十万个创始人和渠道云等，全球分会共计3000多家，其中有100多家是海外分会。

子系统的不稳定性带来母系统的稳定性，大自然不会偏向任何一个物种，不会有意识地只让某个子系统稳定。只有这样，大自然才能蓬勃发展。为了打造樊登读书的创业生态，我们做了很多有意义的探索，每一家子公司几乎都能赚钱，这当然意味着樊登读书这一母系统越来越强壮，越来越具备反脆弱的能力，能够抵御未知的风险。

亲爱的创业者朋友，你现在需要做的事情是重新思考母系统和子系统的关系。如果你能够想明白这件事，成功地调动员工的不稳定性，整个创业团队的稳定性就能有效提高。你可能会问：怎么才能将员工的不稳定性调动起来呢？这就涉及下一节的主题——成长。

好的人才都是"长"出来的

人才是企业永恒的主语。没有人才，再好的想法也无法落地，再宽的护城河也难以持久。对创业者来说，手中有人，心中不慌，初创企业最缺的就是人才。那么，你是否想过真正的人才到底是从哪里来的?

为人才提供成长所需的"丰富土壤"

关于上面提到的问题，很多人脑海中浮现出来的第一个声音，往往是"去挖人"。但在你弄明白机械态管理和生物态管理的区别之后，你会明白"缺人才就去挖"是非常典型的机械态管理：没人就去挖人，少哪方面的专门人才就委托猎头去挖哪方面的人才，去挖个 CTO、去挖个 CFO、去挖个渠道、去挖个媒介……缺什么就挖什么，挖到的很多人凑到一块，以打造出所谓的"全明星创业团队"。结果如何？往往是难以为继。很快各种"水土不服"的现象就会出现，最后你高薪挖来的"空降兵"挥一挥衣袖，潇洒地离去，留下一地烂摊子，让你欲哭无泪。

原因何在？创业团队是一个复杂体系，你需要将它打造成有机的生命体，这个生命体有灵魂、有价值观、有演进的动力、有学习和自我修复的能力。就像森林和大自然一样，它能够生生不息、不断成长，这才是创业团队的核心要义。而"空降兵"往往无法很快、很好地融入这个生命体中，他的存在会导致团队出现明显的"排异现象"，就如人体一样。

生物体对不属于自己的物质，会产生排斥性的抗体，如将 B 型血输入 A 型血的人体内，A 型血人体就会产生抗体。除了输血，移植器官、骨髓等都是如此。如果必须进行异体移植，那么两个人的各项生物指标必须极其相近，极小的差别都可能使被移植生物体在移植后产生排异现象。

较轻的排异现象可以采用药物治疗，比如你可以同化空降兵的价值观，让他尽快融入你的创业团队，而严重的排异现象则缺乏有效的解决方案，往往会直接危及创业团队的生命。生命体需要的人才，只能从内部生长，而不是从外界请来。所以，创业者如果想要打造一个"群智涌现"的团队，就需要拥有生物态的思维：先让人才从丰富的土壤之中自由地萌芽，有了萌芽之后，物竞天择，适者生存，能最后存活下来的，就是你需要的人才。这是达尔文在《物种起源》里提出的观点，也是生物态增长的全部过程。

什么叫作"成长的土壤"？我给大家做个对比。之前说过，教育是一个典型的复杂体系，你无法确定参天大树到底如何长成，但土壤肯定是其中至关重要的一环。

有很多家长信奉机械态的"分数论"，用分数作为衡量孩子优秀程度的唯一标准。即便现在国家在大力提倡素质教育，但到了这些家长手里，素质教育也变了味道，成了一大堆数据：孩子的阅读量是多少？孩子的钢琴考了多少级？孩子的跆拳道几段了……衡量的标准永远都是那几个非常机械的指标。最后的结果往往是给孩子造成巨大的心理压力。

这些父母提供给孩子的成长环境，无疑是一种非常贫瘠的土壤，即便孩子长大成人，也有可能存在明显的心理问题。家长习惯用简单机械的方法，去约束一个复杂的生命体，导致孩子最后濒临崩溃。

那么，复杂体系需要的"丰厚的土壤"是什么样的呢？还是以教育为例。

日本作家岛田洋七写过一本小说，叫《佐贺的超级阿嬷》。这本书在全球的销量超过了700万册，影响了无数家庭。深受感动的读者还自行发起了"一人一万日元"的活动，用募集到的一亿日元将《佐贺的超级阿嬷》搬上了电影银幕，这也成为电影史上最感人的事件之一。

阿嬷就是外祖母，中国南方叫外婆，北方叫姥姥。岛田洋七在书中讲述了自己童年与阿嬷相依为命的故事，情感真挚、道理朴素，给我留下了深刻的印象。

8岁那年，岛田洋七离开广岛，来到佐贺的乡下老家。这里没有玩具和朋友，甚至连送他来的妈妈也转身离开，迎接岛田洋七的只有低矮破旧的房屋以及独立抚养了七个儿女的超级阿嬷。

阿嬷家很穷，但乐观的她却总有神奇的办法，让艰苦的生活快乐地过下去。她告诉岛田洋七，"什么叫成功的人生？就是等你死的时候，幸福和痛苦的比例是51∶49""死都要怀抱梦想，就算没有实现也没关系，毕竟只是梦想嘛。只要一直为梦想努力着，人生就总是充实而快乐的""幸福不是金钱可以左右的，而是取决于你的心态"。

日本当时的考试采取的是5分制，5分是满分，3分刚及格，岛田洋七却经常考1分或2分。这种成绩在中国某些家长眼中，就意味着孩子不好好学习，长大以后没出息。可阿嬷却对岛田洋七说："成绩单上只要不是0就好啦。人生看的是综合力，1分、2分的，加在一起就有5分啦。"

阿嬷虽然没有上过学，也不懂得如何挣钱，但她非常明白一件事：无论如何，都要让孩子幸福、开心、善良，成为一个好人。这就是复杂系统的"丰厚土壤"，在这种教育理念的影响下，岛田洋七从一个总考1分、2分的孩子，长大以后成为全日本最有名的喜剧演员之一，在NHK的漫才大赛中获得最优秀新人奖，掀起了日

190

本的相声热潮。

　　好的人才都是"长"出来的。如果创业者能像书中的阿嬷一样，为团队提供成长所需的丰厚土壤，就会发现自己再也不会为人才犯愁，人才会生生不息地"长"出来。樊登读书就是这样做的。

　　樊登读书很少进行正式的招聘，只要别人愿意来，便不会拒之门外。很多人问我原因，在他们眼中，这种做法未免有些儿戏。而在我看来，樊登读书没有权力仅仅凭借面试这一简单而机械的流程鉴定一个人的才能，没法判断他能否胜任未来的工作。我的办法是"有教无类"——给予每一个员工充分的机会，让他们自己成长，这就是生物态的思维。

　　樊登读书的大多数员工都是 90 后，本科刚毕业就加入我们的团队，基本没有行业背景和工作经验，属于标准的无名小卒。然而，正是这一帮积极、阳光、健康的"无名小卒"，在公司为他们提供的"土壤"和平台上，做出了令业界瞠目结舌的成绩：从 2014 年开始做线下社群至今，樊登读书的营业收入每年以 10 倍左右的速度增长，2016 年到 2018 年属于增长的高峰期，两年时间共计增长了 116 倍。在这一过程中，我从来没有参与公司的日常管理，全公司都在上海，而我一个人待在北京。

　　没有任何事是只有特定人才方可做到的，只要有一个人能做到，全世界的人应该都能做到，差别只存在于努力程度的不同。我发现了一个奇妙的现象：任何一个员工，无论他的智商是高还是低，只要你能给他机会，充分地激发他的潜力，半个月后他就可以成为渠道、销售、媒介等领域的专家。产品岗位是个例外，它需要更多的打磨时间和经验积累。

成长比聪明重要

如果你在面对创业团队这一复杂体系时，依然希望用机械态的管理方法，事先计算明白团队中每一个成员的潜能，那么你会给这个组织带来极大的熵增（由有序向混乱发展）。人越多，熵增越快，管理中出现的摩擦就会越多，以至于出现大量的矛盾和不满，员工纷纷离职。因为人力资源的人只要出现，就意味着我要评价你。其实这是不需要的，你不需要去评价一个人是否聪明，只要他愿意好好干就行了。

微软在比尔·盖茨手中创立并崛起，后来变得平庸，几乎错过了移动互联网的整个时代，很少人的手机里会装有微软的软件。在业界对微软的未来纷纷质疑的时候，印度人萨蒂亚·纳德拉站了出来。2014 年这位在微软工作了 20 年的员工成了微软的新任 CEO。在他的带领下，微软重新回到了世界前三的位置。

萨蒂亚·纳德拉怎样让微软这个十几万人的大公司，在遭受了严重挫败之后，重新焕发出勃勃生机的呢？关键就在于生物态管理。

如果大家对微软比较了解，就会发现微软过去的文化叫作"聪明人文化"。微软的每一个员工都要时刻表现得比周围人更聪明，因为有很多人等着对他做出各种考评。员工们习惯于推卸责任，习惯于官僚主义，习惯于坚持说"我没有错"。

萨蒂亚·纳德拉上任后，很快发现微软的整个团队丧失了愿景，这个 PC 时代的全球霸主在移动互联网时代迷失了前行的方向。于是，他提出用微软的科技力量为世界上每一个组织和每一个人赋能。所有的生物态团队都要有明确的方向，进化就是团队的终极目标，这是萨蒂亚做对的第一件事。

萨蒂亚·纳德拉做对的第二件事，也是非常重要的一件事，是让微软全员学习了斯坦福大学心理学教授卡罗尔·德韦克的《终身成长：重新定义成功的思维模式》一书。

在这本书中，卡罗尔·德韦克把人的思维模式分为两种：成长型思维和固定型思维。固定型思维的人身上装着评判性的软件，每天的关注点都是谁比我更笨，我得证明我是这个屋子里最聪明的人。在这样的人眼中，任何挫折、批评和否定都是对他的严重打击。而成长型思维的人从来不会考虑谁是最聪明的人，也不会过于在意别人的目光。他考虑的唯一一件事是：我能不能从中学到东西，我可不可以变得更强，我能不能继续成长。

看到这里，大家是否想到了什么？《终身成长：重新定义成功的思维模式》这本书实际上讲的就是大自然的理念，就是教你学会判断团队是否有生命力，每个员工是否在不断成长。创业者千万别担心员工越轨，做了本职工作以外的事情。你真正需要注意的是，他做这件事情的发心——他是否努力尝试变得更好。一个创业团队如果能够倡导终身成长的想法，为每一个员工提供丰厚的成长土壤，就将拥有源源不断的优秀人才。

在带领员工共同学习《终身成长：重新定义成功的思维模式》这本书之后，萨蒂亚·纳德拉做了第三件事情——和苹果公司合作。微软此前为什么从来不跟苹果公司合作？因为人们会说微软输给了苹果公司。但是在萨蒂亚·纳德拉看来，承认微软输给了苹果公司又怎样呢？输给苹果公司难道就不能跟它合作了吗？我们要学以致用，终身成长。

于是，萨蒂亚·纳德拉召开了一次发布会。在发布会上，他走到舞台中间掏出苹果手机向大家展示，四下一片哗然。萨蒂亚·纳德拉对大家说："这是一部被赋能的苹果手机，手机里面有微软的 Word 文件，有微软的 PPT，有微软的办公和效率软件，这是微软和苹果公司合作迈出的第一步。"

微软确实错过了移动互联网的很多机会，但是依然可以通过效率软件进入每一部手机。在这一思想的指导下，萨蒂亚·纳德拉又谈成了和三星、谷歌等多家移动互联网巨头的合作，在安卓系统中也发布了许多微软的软件。

承认自己落后没关系，因为最重要的事情是成长，是你有没有每天都在进步，这是美德背后的美德。

194

守住底线，允许员工犯错

在和樊登读书的员工座谈时，有一个管渠道的小伙伴跟我说："有些代理商做得特别不好。"

能够发现问题是件好事。我连忙问他："具体怎么不好？"

他说："他们成天在群里发些短期励志的内容，动不动就搞什么'早起''打卡'之类的活动，看起来品位特别低，好像'成功学'一样。"

我听完乐了，问他："他们发的这些内容违反相关法律法规了吗？"

这位小伙伴认真地想了一下，告诉我："违法倒也不至于，就是给人的感觉不太好。"

我接着问："既然不违法，那你为什么不让他们继续这样做？我明白你的意思，你可能觉得这些内容不符合樊登读书的调性和品位，想让他们更规范。但你想过规范后的结果吗？你有可能会打击这些代理商的热情和创造力，抑制群体智慧的产生。"

亲爱的创业者朋友，你一定要弄清自己在团队中的定位。你不是警察，整天负责维护治安；也不是消防员，忙着查缺补漏，给各方"救火"；更不是保姆，需要手把手指导员工每件事应该怎么去做。你只是个帮忙的，在守住原则和底线的大前提下，帮他们分析结果，为他们提供思路。

守住底线

底线是什么？不进行诈骗活动，不搞非法集资，不宣扬盲目的个人崇拜和歪理邪说，这就是最重要的底线。这里边有一个尺度问题，需要创业者自行拿捏，谁也无法替你负责。

很多人在听完我的课之后，会把自己的生意经说给我听，然后问我："樊登老师，你看我这个思路怎么样？""樊登老师，这个生意我应不应该这样做？""樊登老师，你看我要不要进行这次投资？"

世界上有很多事讲究中庸，也就是常说的"过犹不及"，创业正是如此——做得太过分了不行，做得不到位也不行。中庸其实是最难的事情，孔子说他活了一辈子，都没有见过一个能够真正做到中庸的人，个中尺度只能创业者自己判断，没有其他人能够帮你拿主意。判断对了，创业团队便会欣欣向荣，自成生态；一旦判断出了问题，就容易出现尾大不掉的两难局面。

允许员工犯错

只要拿捏好分寸，守住底线，剩下的事情便可以完全交给团队，让每一个员工都有自由成长的空间。有人或许会成为能够独当一面的参天大树，对此我们乐见其成，还会提供更大的平台让他大展拳脚；有人或许会成长为具有某项杰出特长的"奇花异草"，我们也会很愉快地为他调换岗位，把他放到更能施展才能的舞台上；当然也有可能，有人变成了团队的"毒药"或"寄生虫"，需要我们及时清理，将负面影响降至最低。给员工成长的空间，允许员工犯错，这些才是生物态团队的管理者最应当做的事情。

创业者要和员工一同成长，而不是用机械态的方法，像搭积木一样将员工拼成你自己的样子。我有过多次创业经历，最初也犯过类似的错误，小伙伴们做任何事情我都不放心，每一件事情都要千叮咛万嘱咐，唯恐出现意外。后来我慢慢发现，他们只是想法与我不同而已，而且因为久居一线，有的想法甚至比我还好。即使由于经验不足，偶尔会出现不周到的地方，我也不会求全责备。

成长是一件很痛苦的事，过程中难免出错。任何团队或个人的成长，都是一个不断试错、不断改进的过程，不犯错就不会意识到自己存在的各种缺陷，更不知道改进的方向。某些活动做得不好，负责的员工是有感觉和想法的，并不需要他人告诉他们这次活动的效果不好，这样反倒会增加他们的工作压力。你要相信，你的每一个员工都是优秀的人才，能够对自己的工作负责到底。这份责任感会促使他们下次做类似的活动时，加倍努力、做到最好。

那么，为什么会有那么多的创业者喜欢对团队指手画脚、发号施令？是想体现自己的重要性吗？不见得。他们其实是想将自己和团队可能出现的一切错误划清界限。

在生活中，你经常能够看到许多母亲冲孩子发脾气："这个问题我都跟你说过多少遍了？你怎么就是记不住呢？"家长们迫不及待地将自己的责任撇清：孩子出错只能怪孩子，和我没有任何关系。

大家仔细想一想，是不是都遇到过这种情况？我们的那位小伙伴，犯的也是同样的错误。他说代理商的品位太低，潜台词其实就是："品位低是代理商的事情，和我没有关系，如果以后真的出了事情，不能来找我。"和上面提到的那些家长犯了同样的错误。

我对管渠道的小伙伴说："你不要急于划清界限，这样做会打击代理商的积极性，影响樊登读书的整体发展。你要做的事情，应该是跟代理商共同承担这个责任。我们完全可以大方地承认，我们的品位确实不太高，但我们在不断地努力，一直走在精进创新的路上，希望大家能够给我们长大的时间。"

创业者需要跟员工和代理商共同承担错误，仅仅允许员工犯错还不够，在员工犯错的时候，你还要跟他共同承担错误带来的后果，这才是生物态的思维。

激发员工的善意

还记得彼得·德鲁克先生的那段名言吗？"管理的本质，其实就是激发和释放每一个人的善意。对他人的同情，愿意为别人服务，这是一种善意；愿意帮他人改善生存环境、工作环境，也是一种善意。管理者要做的是激发和释放人本身固有的潜能，创造价值，为他人谋福祉。"

经过多年创业实践，我对德鲁克先生的这段话有了更深层次的理解和领悟。当你能够最大限度地激发他人的善意时，你遇到好员工的机会就比较多，好员工是被你激发出来的，因此你得到的回报就会比较高，你会更愿意信任和培养员工，这形成了一个正向循环。

反之，如果你的所作所为不断地激发他人的恶意，那么最后的结果就是你遇到的坏员工会比较多，令你失望的事情自然也就比较多，你会越来越不敢投资员工，更不敢给他们授权，继而进一步激发员工的恶意。这种负向循环形成之后，你的生意肯定难以做大。

需要提醒大家注意的是，生物态管理思维有一个大前提：你的产品设计和商业模式必须具有足够强大的反脆弱能力，不会因为员

工的一时之失就一蹶不振。在此基础之上，你要做的就是尽可能地
激发员工的善意，让大家朝着共同的目标自发奔跑。

　　当然，这是一项十分艰苦的工作，能做到这点很不容易。你需
要先改造自己，让自己的内心变得强大，能够接纳员工的错误，并
给他改进的时间和空间。创业者只有先变得不同，才有可能让整个
创业团队变得不同。

建立和前员工的"联盟"

这一节中的话题很有意思，相信很多创业者会很感兴趣——如何处理和前员工的关系？

相信每一位读到这里的创业者朋友，都已经弄明白母系统和子系统的关系。作为创业团队的领头人，你需要为员工提供成长的土壤，也要时刻保持他的不稳定性。如何才能保持员工的不稳定性？最好的方式是让员工知道自己迟早会离开这个团队，离开才是最大的不稳定。

离开前，帮员工塑造成长型心态

有很多创业者总是在为员工营造一个幻象——我希望你永远都不要走，一朝成为我们的人，一辈子都是我们的人。这种想法一旦在员工心中生根发芽，会出现什么情况？他的成长速度就会明显减慢，关注点会从自身成长转移到内部斗争上，开始斤斤计较，事事抱怨，拉帮结派搞"小山头"，和别的派系闹矛盾，团队的内耗便由此而生。为了防止这种情况发生，创业者应当让每个员工都思考一个问题："你不会永远留在这个团队里。有朝一日，当你决定要离开的时候，你希望自己成为一个什么样的人？"这个问题实际上是在帮助员工寻找自己的职业目标，一旦员工明确了自己的发展方向，你便可以有针对性地对他进行培养，给他充足的成长空间和良好的成长环境，并明确告诉他："很好，我可以培养你，但这不是一个轻松的过程，可能需要出差、学习、加班，甚至牺牲一些个人时间。我会努力为你创造进步机会，会送你去参加各种培训，辅导你、指正你、将经验传输给你。只要你拥有了终身学习的成长型思维，我相信你一定会成功。"

此时，你再让员工参加各种学习、培训，他还会抵触吗？不会。他会认为："这是老板在锻炼我，他没有骗我，真的在想方设法帮助我成长。"因此，你需要帮他形成终身成长的想法，要让他知道这是自己的选择，是自己想要成为一个更好的人。

离开后，和前员工建立联盟

世界那么大，肯定会有员工想出去看看。员工离职其实是对创业者心胸的极大考验，有些创业者的格局不够大，跟每一个要走的前员工都闹得十分不愉快，甚至采取各种手段把人逼走。某互联网巨头在裁员时，派了两名保安盯着一个员工，不允许他再碰公司电脑。这样的解雇过程自然引发了大规模的诉讼。如此的做派，不仅让企业失去了前员工可能带来的团队发展机会，也会对现有员工造成消极的心理影响，致使整个团队军心动摇，为日后的发展埋下隐患。

谷歌公司前 CEO 埃里克·施密特曾多次在公开场合提到一本书——领英的团队成员里德·霍夫曼、本·卡斯诺查和克里斯·叶合著的《联盟：互联网时代的人才变革》。这本书对我的帮助很大，所以推荐大家有时间尽量都读一下。此书的最大价值，在于提供了一种使雇主与员工从商业交易转变为互惠关系的框架，鼓励公司和个人相互投资，组建全新的联盟体系，将非终身雇用的员工变为公司的长期人脉，并吸收员工的高效人脉情报。

我们之所以如此重视前员工，和他们之间建立广泛而深入的联盟关系，其实是因为受到了《联盟：互联网时代的人才变革》这本书的启发。在生物态团队中，前员工是资源，而不是负担。员工在离职之后依然能为团队带来利益，如果他愿意成为樊登读书的代理商，还可以和公司双赢，一举数得。慢慢地，你会发现，虽然前员工离开了创业团队，但是你的资源却在源源不断地增加。为什么会这样？其实原理之前已经说过了：子系统的不稳定，造就了母系统的稳定。

我在一所大学讲课时，认识了招生办的一位主任。他听了我几次课，私下找到我表示感谢，说我的课对他帮助很大。

原来这位主任手下有两位比较得力的女性干将，工作数年之后想要跳槽。这位主任一听便勃然大怒：培养了这么多年，现在终于有了点成绩，哪能说走就走？于是，他就不打算在对方的离职证明上签字，还打算扣下她们的档案，阻止她们离职。

在听了我的课之后，这位主任的观念发生了转变。他客客气气地为对方签了离职证明，办理了相关手续，甚至还写了推荐信。当然，如果事情发展到此就告一段落，我也不会花这么多的笔墨去渲染。各位不妨想想，后来又发生了什么事情。

从大学离职的这两位姑娘，在新东家那儿认识了更多的人，其中很大一部分都有着求学深造的想法。每当遇到这样的人，她们就都介绍给了之前的学校，让招生办的绩效提升了一大截。

最令人感动的一件事发生在某个周末。主任正在加班，突然看见之前离职的姑娘中的一位推门而入，他以为又要给他介绍新生，但发现这位姑娘是孤身一人，并没有带其他人一起过来。主任有些不解，便问道："你怎么过来了？"

这位姑娘哈哈一笑，说道："我知道周末你没人代班，我反正今天也没什么事情，就过来看看有没有能帮上忙的地方。"

你看，已经离职的员工，不仅能成为公司全新的销售渠道，甚至还能自发地回到老东家免费代班。这就是前员工的潜在力量。

马云说过:"一天的阿里人,就是终身的阿里人。"阿里巴巴集团曾经连续多年组织盛大的前员工聚会,每次参加者都有1万多人。马云无论在聚会的前一天身处何处,都会在聚会当天准时赶到现场,与这些前员工侃侃而谈,既谈投资也谈合作。这些阿里前员工组成的企业团队被惯称为"阿里系",它与腾讯系、百度系等同为业界美谈。

如果你能够这样对待离职的员工,那么团队中现有的员工也会更加努力。因为他们知道,你并不只是利用他们而已,你是真的在为他们的未来着想。更有甚者,如果有员工想要创业,你还可以投资他,成为他的天使投资人,这是最靠谱的一种投资方式。

其实,无论员工离职后是去其他公司上班,还是投身创业,你都可以跟他形成很好的联盟关系。这样一来,你的人脉资源就会变得越来越多,团队的反脆弱性也会越来越强,最终成为一个坚不可摧且无坚不摧的母系统。

学会为团队的状态赋能

我是一名讲书人，所以在我自己的书里，也离不开各种其他人写的书。我从这些书里汲取的智慧和养料，正是支持樊登读书走到今天的力量源泉。接下来想跟大家分享的一本书，书名十分气人，叫《海底捞你学不会》。换句话说，海底捞创业成功的所有秘密都在书里，但你就是学不会，你说多可气。说来也奇怪，即便后来发生了"后厨老鼠事件"，也并未对海底捞产生过于严重的长期影响，海底捞依然是那个海底捞，一样的味道，一样的服务，一样赚钱。当然，短期影响肯定是有的，但海底捞的应对方式让我对它的支持持续到今天。

在"后厨老鼠事件"发生后不久，我和团队里的几个骨干一起到海底捞吃饭。我们酒足饭饱之后，服务员走了过来，笑着问道："您几位吃完啦？我们现在开展了一个参观后厨的活动，各位愿不愿意到后厨来参观一下？"言辞得体，语气亲切，就像一个刚搬来的邻家小哥，让我们去他家里参观一样。

参观完后厨之后，这位服务员真诚地给我们鞠躬，说："我代表海底捞就之前发生的事向大家道歉。"一个服务员代表公司向顾客道歉，大家想想这是怎样的一种精神。然后我们一桌人说："没事，不要紧，后厨有老鼠不代表火锅里有老鼠，我们相信你们能整改好，以后还会来你们海底捞吃火锅。"

一家餐饮公司将服务做到这种程度，确实让人无话可说。网上曾经流传过一个关于海底捞的段子，说某位顾客在海底捞吃饭，到门口时发现对面餐馆有人打架，就在门口看了一会儿。这时，服务员端个凳子过来，对他说："大哥，你可以站在凳子上看，我们已经派人去打听了，一旦得知事情的起因，马上告诉您。"你看，就连顾客看人打架他都管，都为你提供服务。将服务做到了顾客心里，让其他火锅品牌怎么和他们竞争。

为什么会这样？是因为海底捞的服务员素质特别高？看完我接下来说的这件真事，你或许就能找到答案。

我有一位艺术家朋友，某天因为琐事心情不太好，便去商场里购物，放松心情。路过海底捞门店时，有个服务员出来对她说："大姐，进来坐坐吧。"

她很警惕，直接问："你想干什么？"

服务员一听语气不对，赶紧向她解释："我看您心情不好，不妨进来坐会儿，没事的，反正在我们海底捞，瓜子、花生随便吃，我再找几个服务员表演节目给您看，让您开心开心。"

我的艺术家朋友很奇怪，便问道："我只是路过，现在肚子也不饿，你们图什么呀？"

这个服务员笑了，说："我就是看您心情不好，想让您高兴一下，没别的，您别多想。"

从这个真实的事件中，你能感受到什么？海底捞的员工年纪普遍不大，但为什么会有如此强烈的责任感和主人翁意识？光有责任感还不够，瓜子、花生随便吃，再加上表演节目，可都是需要成本的，他只是一名小小的服务员，为什么能替店长做主？答案其实很简单，海底捞赋予服务员一定的免单权。也就是说，海底捞的服务员有一定的权限为顾客免单，他可以对顾客说："这桌免单了，你们走吧，不用付钱了。"

可能很多人并不知道让员工有免单权这件事的重要性。有一本书叫《高能量姿势》，书中主要说的是哈佛大学某位教授的一个研究成果——人的状态和生理学的关系。

经常听人说"今天我的状态很好"，或者"今天我的状态不好"，这些说法听起来比较主观，但其实状态可以客观量化，通过测量得出。你只需每天早上将装有唾液的瓶子送给相关机构进行检测，通过检测你体内分泌的睾酮和皮质醇的含量，就能测量出你今天的状态如何。睾酮含量越高，说明这个人越有劲；皮质醇含量越高，则反映出这个人的压力越大。所以，一个人最佳的状态是睾酮高、皮质醇低。

皮质醇这个概念，在前文中已经介绍过，就不过多赘述了，这里让我们着重了解一下睾酮。

睾酮又称睾丸素、睾丸酮或睾甾酮，由男性的睾丸或女性的卵巢分泌，肾上腺也会分泌少量睾酮，它具有维持肌肉强度及质量、维持骨质密度及强度、提神及提升体能等作用。研究结果显示，许多成功的证券交易员体内都含有比正常值要高的睾酮，这能显著提升他们的自信心与工作动力，还能替交易员壮胆，协助他们勇于冒险，在瞬息万变、高风险的股票市场中冲锋陷阵。

研究结果还指出：包括证券交易员，其他在高压下工作的人如航管人员、需要快速下决定的企业管理者，都深受睾酮分泌量的影响。这种现象被称为"赢家效应"，它可以增加人的自信心和冒险精神，并且在正面回馈的循环中，提升再次获胜的概率。

我一直以来都认为，分析一件事情就要分析到生理层面。否则，你看到的依然仅是表象，而不是真正的原理，这也是我经常跟大家普及生理学概念的原因所在。看完《高能量姿势》这本书后，你会明白，当你通过各种方式，让一个员工的睾酮分泌量升高，皮质醇分泌量降低，他就能保持上佳的状态；反之，如果你让员工成天分泌皮质醇，就会让他患上抑郁症，晚上睡不着觉、压力增大、经常发脾气、跟人打架，最后就会重病缠身。对此，我深有体会。

我现在的演讲跟几年前相比，状态完全不同。原因很简单，几年前我在做演讲时，开场的前五分钟都在想方设法地与听众建立联结，先得让大家知道我这个人是干什么的，为什么要听我的演讲。

那时我的知名度还不算高，所有来听我演讲的人进场后都会想："时间花得值不值？万一樊登讲得不好，那我起身就走，省得浪费时间。"所以，我需要花很大的力气去建立和听众的联结，这个过程十分消耗精力，有时甚至会影响我的演讲状态。

现在的情况完全不同了，每次我一上台，不管我这场演讲的主题是什么，听众都会耐心地听我讲完。除了我个人的演讲水平确实有所提升，很多人想和我合影留念也是让他们能够留下来的一大原因。在这种情况下，我的睾酮分泌量就会增多，皮质醇分泌量就会下降。生理体征的变化会让我觉得轻松愉快，我的演讲状态就会保持得更好。

状态对人的影响巨大，你知道赋予一个员工可以替客户免单的权力，最重要的作用在哪儿吗？就是提高了他的睾酮分泌量。当他走进自己负责的一亩三分地时，他会觉得"我是此区域之王，所以得照顾好这些客户，想尽办法让他们开心"，这是一种非常了不起的工作状态。要知道，快乐是会传染的，员工的良好服务状态能够有效地提升客户的体验度和满意度。

不幸的是，很多创业者并不明白这个道理。他们每天做的事，就是尽量打击员工的良好服务状态。以摄像头为例。在很多创业公司里，老板为了监督员工的工作，在每一个法律允许的角落里都安上了摄像头。这种做法带来的直接结果，就是所有员工都怕摄像头，觉得摄像头的"睾酮含量"最高，它盯着我们所有的人，大家都小心点。这样的想法会严重影响员工的工作积极性，最后导致所有人上班时都有气无力，毫无精气神，出了任何问题，首先想到的是自保。想让这样的员工为你照顾好客户，无异于痴人说梦，更不用说品牌价值的提升了。

说到这里，你应该明白，工作本身就应该是一件令人愉快的事情。你要做的是想方设法调动自己和员工分泌更多愉快的物质，而不是那些会带来巨大压力的物质，这是两个完全不同的方向。

6

有效沟通造就
团队凝聚力

产品很重要，营销也很重要，但是"最终阻碍
你到达远方的往往不是高山，而是鞋里的沙
子"，大量遭遇创业失败的企业，都是因为团队
"捏"不到一块。很多人刚开始创业时气势恢
宏，眼看就要成功，最终还是没做成，原因是
他的团队没有凝聚力，是一盘散沙。

高效团队的关键要素是安全感

在谷歌前董事长埃里克·施密特所写的《重新定义公司：谷歌是如何运营的》这本书里说到，谷歌公司曾经有一个亚里士多德计划，是一个关于"为什么有的团队效率高，而有的却不行"的研究项目。这个计划最终得到一个结论——安全感越强的团队，效率越高。

对团队而言，安全感高的最重要表现就是团队成员"敢说话"，可以提出天马行空的想法，敢于发表不同的意见。实际上，打造安全感很强的团队，和打造安全感很强的家庭是一样的道理。

很多人在遇到问题时的习惯做法是找到一个惩罚措施或者威胁的手段。但是这样的方法会引发团队成员的"怕"，这样做权威可能进一步增加了，但是团队成员变得更加小心谨慎，这就让团队的安全感降低了。

在一个安全感很强的团队里，领导者是有权威的，团队成员也可以和他争执、提出反面意见，但是到了需要有人承担责任的时候，每个团队成员都愿意站出来。这就是高效的团队，也就是谷歌亚里士多德计划的核心内容。

正确认识"恐惧"

生活中，我们为什么对团队、客户甚至是家人有那么多的紧张和焦虑呢？其实产生这些紧张和焦虑的核心原因就是"恐惧"。很多能做"大事"的企业家有一个共同的特点就是"睡得着觉"。一个创业者如果背上一点债，就紧张得吃不下、睡不着，那就没法创业了。

我见过的创业者中还有一类，他们每天都埋头苦干，但他们的创业项目是"小而不美"，他们一直在焦虑、害怕。但实际上他们担心的事大部分都不会发生，90% 都源自他们过度的反应。他们总是先做自我保护：当他们认为一个人可能会攻击他时，那么他一定先攻击别人，甚至从原本讨论工作的就事论事变成了人身攻击。

孔子是个了不起的人，他说"不以人废言"，就是说不因为这个人有不足的地方而不采纳他的正确意见。也就是说我们要实事求是，不能带着情绪去做判断，不然这个判断会越来越偏。

人的大脑有时候是不受我们主观控制的，它会受到神经递质、肾上腺素、多巴胺、血清素和催产素等多种因素的控制，当这些物质控制了人的神经时，人就会紧张，就可能会出现判断的偏差。创业者需要先懂得这些原理，具备批判性思维，才可能从这个情绪化的判断中跳脱出来。

减少团队中的猜忌

广告大师大卫·奥格威有一个观点是，在公司里，尤其是在文化公司里，最需要杜绝的就是办公室政治，可以在别人面前提反对意见，有问题可以当面解决，但是绝对不能在背后去说。因为一旦经人传话，即使这个传话是善意的，里面肯定也包含很多虚假信息和主观臆断，会让事情恶化，传话变得越来越糟。

我见过一家创业公司，这家公司的员工告诉我，他们的老板最喜欢对员工说的话是："你知道别人怎么说你吗？"我认为，这个老板实际上想表达的是"你有很多缺点，但我不想说你。别人怎么说，你可以自己去和别人解释"。这就导致员工相互猜忌，最终这个公司就分崩离析了。

生物态团队的四种管理形式

在传统的简单体系管理思维中，80% 的管理者终其一生都只会用某种具体的管理方法对待员工，他们认为自己只需要符合某种标准的员工。不符合这种标准的员工，要么往这个方向同化，要么就直接被扫地出门，剩下的都是一个模子刻出来的标准化员工。

然而，创业团队是一个极其复杂的体系，整个团队就是大自然。既然是大自然，强调的肯定是不同物种的和谐共处，创业者需要尊重每一个员工的不同类型，对其采取不同的管理方式，这就是孔老夫子说的"因材施教"。

我一直在强调终身学习的重要性，生物态创业团队中的员工的确需要具备成长型思维。可成长也要分阶段进行，没有人能一口吃成胖子。这时候，创业者需要掌握一套完整的管理方法和沟通工具，以应对不同类型员工的管理需求，这便是本节的主题——情境领导。

下面，我以一个刚毕业进入公司的大学生为例，按照工作能力和工作意愿，为各位详细地讲解情境领导将会面对的四大类型员工，以及对他们的不同管理方式。

指令型

当一个大学生刚毕业进入公司时，他的工作能力肯定比较低，但有着较强的工作意愿。这时候他最需要的是指令，最好有人能细致周到地告诉他"需要去做哪些事情""绝对不能做哪些事情"。我将员工的这个阶段称为"指令型"。

教练型

入职半年之后，这名新员工有了一定的工作经验，工作能力得到了显著的提升。在没有人发号施令的情况下，也能将安排给他的事情处理妥当。但是，由于长期被人呼来喝去，他的工作意愿已经不那么强烈，这时候他需要的不再是个指挥官，而是一名教练。教练会根据遇到的具体情况向他提出不同的问题。

比方说："小张，对于这次要去谈的客户，你有什么想法？""为了拿下这单业务，你觉得咱们应该注意些什么？"我将处于这一阶段的员工，称为"教练型"。需要注意的是，在这个阶段中做决定的依然是教练，而不是这名员工。

支持型

　　教练能够调动员工的工作意愿，继续提升他的工作能力。但是，由于员工依然无法自己做出决定，工作意愿只能归于中等。接下来，你需要做的是给予他大量支持，尊重他的个人能力，进一步提升他的工作意愿。

　　举个例子，你先问他："这件事你打算怎么处理？"听完他的回答之后，对他说："我觉得你说得不错，就按你说的办。"这一阶段的员工需要得到来自上层的大量支持，因此，我将其称为"支持型"。

授权型

　　当你发现这名员工的成长速度很快，按照他的想法，事情大都能够得到圆满解决时，你需要做的就是给他充分的空间，让他有机会独当一面，这就是人们常说的"授权"。

　　比方说："你之前处理这类事情都很不错，以后再遇到此类事情，你可以不用再征求我的意见了，自己放手去做吧。"在这种情况下，他的工作能力已经得到了验证，而工作意愿也会极其强烈。换句话说，他已经成长为创业团队中的骨干，是你的左膀右臂，我将此类员工称为"授权型"。

有效沟通工具让管理落地

情境领导是比较高阶的管理手段，由于对员工类型进行了细致划分，产生的管理效果也十分明显，能够让员工拥有较快的成长速度。当然，情境领导绝不仅停留在思路和方法的层面，它是一种能够落地的管理手段。如何才能有效落地？你还需要掌握与之配套的四种沟通工具——TDAO。这四种沟通工具无所谓好坏，也各有利弊，你可以在面对不同阶段的员工时灵活使用。

T：指令型沟通工具——告知

对待没有多少工作能力的新员工，往往采取的是告知（Tell）式沟通，告诉他具体的一件事情应该如何分步骤完成，注意要点是什么。告知式沟通最大的好处是会让员工觉得思路清晰，学习的效率较高，并且有明确的责任人。不足之处也很明显，使用次数多

220

了，员工就容易懈怠，对你产生高度依赖。无论事情处理的结果如何，反正都是你告诉他这样做的，他自己完全不用承担责任。

张瑞敏和杨绵绵正是通过告知的沟通方式，将海尔公司的资产带到了百亿量级。由于管理方式比较强硬，以指责和命令为主，海尔的很多员工在见到张瑞敏时，都会心生恐惧。

我曾在青岛遇到一位从海尔离职的出租车司机，按照他的话说："过去的海尔简直不是人待的地方，就像是一个监狱。"具体是什么事情，导致这名海尔的前员工心怀怨念，我不得而知，他的话也存在极其明显的主观色彩，不能全然相信。但起码说明了一件事，海尔早期的暴力管理方式不得人心。

如果海尔继续按照这种方式管理员工，可能会面临极大的风险。所幸的是，张瑞敏和杨绵绵这两位黄金搭档及时认识到了问题所在，掀起了声势浩大的"一千天流程改造运动"，将海尔的企业文化彻底改换。

现在我再走进海尔的厂区，已经听不到员工的抱怨，大家都有了较强的主人翁意识，这在过去是不可想象的事情。海尔也因此迎来了企业的第二次辉煌。

D：教练型沟通工具——讨论

对待教练型员工，你需要掌握的沟通工具是讨论（Discuss）。

讨论的好处是让员工充分理解你处理某件事情时的具体用意。一旦弄明白了事情背后的原理，他就可以举一反三、触类旁通，成长得很快。

当然，这样做会占用你大量的时间，你也没有足够的精力去和所有员工一一讨论所有事情。怎么办呢？你需要尽快从员工中挑出打算重点培养的人，尽快将其培养成授权型员工，让他代替你成为其他员工的教练，并以此类推。这就是一个复制裂变的过程。

A：支持型沟通工具——提问

提问（Ask）是在面对支持型员工时最合适的沟通工具，好处显而易见。由于受到了尊重，员工的工作意愿和主人翁意识都会得到极大提升，能有效地激发他们的潜能，也可以为你节省大量的管理成本。

需要注意的是，创业者在使用"提问"这一工具时，要与"告知"明确区分开来。建议往往会带来抵触心理，而提问能让员工充分思考，思考的过程才是重点，你的任务是提下一个问题。有些创业者总喜欢给员工各种建议，殊不知，建议的缺陷十分明显。一旦出了问题，黑锅得你来背，毕竟想法是你提出的，他只是照做罢了。而提问则完全不同，虽然你同样需要承担部分责任，但是想法的来源是他，责任主体也是他，你只是同意了他的想法而已。

提问是我在讲课时经常会用到的沟通方法。举个例子，有人问我："樊登老师，你看这件事情我应该怎么做？"

通常遇到这样的问题，我都会反问他："你认为怎么做比较好？"对方有时会摇摇头，说："我真的想不出办法。"

在这个时候，创业者一定要多加小心，你千万不要越俎代庖替他想主意，你的最终目的应该是激发员工的潜能，而不是自己的潜能。我见过很多创业者在向支持型员工提问时，抓耳挠腮、冥思苦想，代替被提问的人思考解决方案，而他的提问对象却十分轻松地等待着他的回答，简直本末倒置。

当对方说他无计可施时，我总会继续追问："你想解决这个问题吗？"他的回答肯定是："想啊。"如果不是，他也不会问我。

我会接着说："OK，既然你也想解决问题，那就好好想想办法。办法总比问题多，只要用心思考，肯定能找到。"

提问的关键，在于你一定要让对方去寻找答案。无论经历怎样的困难，只要他最终找到了解决方案，他的自信心和成就感就会立刻提升，因为他能感觉到是自己在控制这件事情。而你一旦给他建议，他马上就蔫了，会觉得："这又是你在主导，我又失败了。"此时，他的挫败感会大幅上升，而责任心也会随之减弱。

为了帮助大家深入掌握提问的精髓，我总结了提问的四大步骤——GROW，以下分而论之。

（1）G：目标

第一组提问全部针对目标（Goal）："你的目标是什么？""你想解决什么问题？""你想在什么时候解决？"等。在这个环节，创业者的作用是帮助员工将目标越来越清晰地描述出来，一旦你发现他已经明确了自己的目标，第一组提问便宣告结束。

（2）R：现状

第二组提问是现状（Reality）如何，比如："现在的情况怎么样？""发生了什么变化？""你做了哪些应对措施？""分别有什么结果？""你有什么资源？"等。这组提问的目的在于让员工对现状有清晰的认知，而不是一团乱麻。

（3）O：选择

第三组提问和选择（Option）有关，比如："你不是有这个目标吗？你也知道现状如何，那么你有哪些选择？""你现在能够做些什么去解决这个问题？""在相似或相同的情况下，你听过或见过别人怎么做吗？""还有吗？"等。

在这些问题之中，最有效的就是"还有吗？"当你反复问这个问题时，员工就会不断地开动脑筋，去想"还有什么呢？"人们往往会有特别强烈的限制性想法，总认为自己已经想到了解决问题的全部方法，可事实并非如此。你需要尽可能地激发他的想象力，让他在寻找答案的过程中兴奋起来："哇，原来我也能想到这么多办法！"

（4）W：意愿

最后一组提问是意愿（Will）。这组提问是这个沟通技巧的高潮部分，也是最后收尾的部分，比如："你刚才想的这么多方法，哪一个是你最喜欢的？""接下来，你打算怎么做？""你觉得下一步什么时间进行比较合适？""如何才能让我知道你做了？""你会遇到哪些困难？""遇到这些困难向谁求助？""你需要准备些什么东西？"等。

当你把这些问题全部提完，员工也一一作答之后，还有一个非常重要的问题在等着他："以10分为限，你觉得自己完成这件事情的可能性有几分？"这是个非常经典的问题，很多时候，对方前三组问题都回答得很好，最后让他给自己打个分，他却非常没有信心地打了个低分。低分证明他的信心不足，那你就要接着问他："调整哪些因素可以提高这个分值？"让他自己去查漏补缺，最终给出8分、9分或10分的答案。

O：授权型沟通工具——观察

最后，再来看看观察（Observe），这种沟通工具主要用于授权型员工。此类员工其实不需要你进行过多的沟通，你要做的事情就是充分授权给他，然后观察他的动静。"观察"也可以叫作"监控"。提醒大家一下：有授权则必有观察，即便你再用人不疑，过度的信任也容易坏事。

业内流传着这样一个故事：某家公司的 CEO 在上任后一年内，一直萧规曹随，让公司完全遵循之前的轨迹运营，没有任何自己的举动。对于这件事，公司内议论纷纷，很多人开始怀疑这位 CEO 的管理能力，但他依然不为所动。

一年之后，这位 CEO 出手了。不鸣则已，一鸣惊人，他的举动引发了公司的"大地震"——他一次性开除了大批尸位素餐的员工，又将另一批有才华但长期得不到重用的人才进行了相应提拔，并推出了一系列的管理条例。阵痛当然是有的，但很快公司便重新步入正轨，并在年底取得了比前一年高出几倍的业绩。

有人好奇地问他："大家都说新官上任三把火，你的管理能力明明很突出，为什么之前一年却毫无动作呢？"

这位 CEO 神秘地笑了笑，说："我家曾经买过一套别墅，别墅的后院长了一大堆花花草草。我很想翻整一下后院，但由于购买别墅时正处于冬季，我不知道哪些是野草，哪些明年还能开出美丽的花。我能做的事情只有等待，等到来年春天开花后，我才能分辨出哪些是草，哪些是花，再分别清理、培养。"

这个故事当然是编的，它用比较容易让人接受的方式，说明了观察的重要性。需要注意的是，观察确实是一个不错的沟通工具，但有其适用对象和环境，千万不可一概而论。我其实很反感此类的"心灵鸡汤"，鸡汤确实好喝，但却总不给勺子。"鸡汤故事"往往片面强调某件事情的优势，而降低了整体的复杂性，这一点大家千万小心。

以上四种沟通工具各有利弊，你需要在不同的环境下使用它们，如果用错了就会产生比较严重的后果：不是揠苗助长，就是大材小用，这是生物态管理的大忌。

利用二级反馈建立团队成员的自我责任

如果你想激发团队成员向上的能力，就要知道用什么样的工具有效果。在打造团队的过程里，我觉得最重要的工具是二级反馈。

企业中最常见的反馈方式是"零级反馈"，就是说员工做对了事情，领导没有任何反馈，领导只关注员工做错的事，他们觉得"员工如果做对了事，那就没什么可以说的"。

"一级反馈"是指员工做对了事，领导提出了表扬，但是没有说明表扬的原因；而"二级反馈"是指领导表扬做对了事的员工，并且说明了表扬的理由。这里要注意一点，就是表扬之后，不要对员工提出更高的要求。因为更高的要求，员工会自己提出来。

人对自己的批评是很多的，在别人不批评我们的时候，我们会不断地自我批评，这样就有了前进的动力；一旦别人开始批评我们了，我们的大脑就会开始为自己辩护。

所以在"二级反馈"中，表扬就是单纯的表扬，如果提出了新

228

的要求，那反而变成了变相的批评，就不再是表扬了。

二级反馈比其他反馈有效，其中的原理是从人类的进化过程中找到的。人是生命体，生命体是一种复杂的科学体系，而复杂的生命系统是靠"亮点"带动的，只有飞机、轮船、汽车之类的机械体的运行是不需要依靠亮点的，它们只需要改正错误。比如，一辆车运转顺畅，你不会去表扬它，但当它出了问题时，你就需要替换出问题的零件。

人类的进化过程，可能遭遇过无数次错误的变异，但是只有那些有亮点的变异才是真正保留下来的部分。

二级反馈，就是一个寻找亮点的工具，它能提高他人的自尊水平，建立人与人之间的良好关系，传递价值观，塑造行为，是一个全方位的领导工具。

打造团队的支柱

人和组织都是复杂体系，复杂体系的特点是具备进化和迭代的能力。

为什么很多非常聪明的人，反而创业失败了？因为创业不拼起步，也不拼高瞻远瞩，只要愿意持续优化、持续改进，组织很快就能得到进化。有一些很聪明的人，总是希望证明"自己是对的"，但是这种证明本身并不能给组织创造任何价值。

在中国历史上，朱元璋就是一个典型的例子，他前半生和后半生的表现判若两人。在参加农民起义的阶段，他保持着进步。他承认缺点和错误，不断改正，还能引入更厉害的人才，所以他能够在乱世中快速崛起，建立大明王朝。但是当他取得了成功、当上皇帝之后，就变得特别自负，开始追求"不变"，给后世子孙定规矩，把所有的事情都定得死死的。最终导致了历史的倒退。

对一个能够不断迭代的组织而言，需要成长、道德和反思——

三根支柱作为基石。

在一个组织中，成长除了代表组织的成长，还代表个人的成长。员工觉得在这个组织里工作比在学校里学到更多的东西，那么可能工资低一点、加班多一点，他也愿意做。因为在这里他得到成长，收获的东西更多。而个人的成长又能带动组织的成长，让组织保持迭代的速度。

有些企业会强调价值观，但我更愿意把它称为"道德"。一家企业如果没有道德，那么即使它现在还能保持高速成长，最后也一定会栽跟头、吃大亏。无论是个人还是组织，如果道德出了问题，那么就会"其进也锐，其退也速"，就是说进步很快，掉队也很快。对企业而言，道德与否意味着你做的事对不对，你创造的东西最终有没有价值。

在组织的迭代过程中，核心是速率；而迭代的速率来自反思的效率。这种反思就是批判性思维，它不是不断对别人的批判，而是一种"元认知"，通俗解释就是对你自身认知的认知。

如果一个团队具备反思能力，成员就可以不断自省，同时保持着很强的道德感，知道有所为有所不为。成长、道德和反思，这三点结合起来，会形成一个飞轮，带动这个组织自动进化。

7

最优客户发展
方法：MGM

客户的真正价值，在于他能为你带来新的客户，
让你的生意源源不断。如果你认为客户和你只
做一锤子买卖，那你的生意永远做不大，永远
无法抵御未知的风险。当然，这是一门技巧，
需要学习一些广告学的知识。更重要的是，你
得有能让客户尖叫的产品。

十万人说不错，不如一百人尖叫

这一章的主题是 MGM（Member Get Member，让客户带来客户），更偏向于营销和推广。但在展开这个主题之前，有必要先强调一下产品的重要性。创业成功的第一要素，绝对不是营销套路和推广策略，而是优质的产品。让客户为你带来越来越多的客户，是每个创业者的梦想，但是，请你记住，MGM 的前提是产品。如果没有一个特别好的、被验证过的产品，任何推广营销手段都是对你的毁灭性打击。

客户只会给你一次机会

之前我说过，樊登读书在做新版本的时候，从来不会从老客户中直接导流，而是单独做一个新的 APP。对此，很多业内人士不太理解，团队中的小伙伴也有过质疑，但我一直坚持如此。一方面是我想保持樊登读书的优雅姿态，另一方面则是基于我对产品的重视。

如果我把樊登读书现有的上千万流量导给一个并不太成熟的产品，比如老年版或者少儿版，会发生什么？肯定会有很多客户点进来试用。然后，恐怖的事情便会发生。这些客户很快就会发现，新产品并不像宣传中说的那么好用，还会觉得这次导流很不负责，辜负了他们对樊登读书的信任。

创业者一定要学会珍惜自己的品牌，因为客户只会给你一次机会。一旦你辜负了客户的信任，他便会对整个创业团队产生怀疑，即便你很快就推出更新的版本，他也不会再用了。

某公司之前做过一款产品，并通过短信的方式发给全国上亿用户。很多用户注册了该产品的账号，试用后发现有些按钮根本找不到，结果自然是卸载。该公司难道没有迭代能力吗？当然有，而且很强大。但是，用户已经失去了开始时的信任感和好奇心，不会再给它任何机会。

因此，樊登读书的每款新产品都会重新走一遍自己的老路，从零开始慢慢地积累自己的客户，并不会过于追求增长的速度。在这一过程中，我们能够承受错误和失败，也可以不断迭代更新。

日本"经营之圣"稻盛和夫说过："好的陶瓷元器件，往往能够让人看一眼就伤到手。"意思是真正好的陶瓷元器件，从外表上就能体现出它的质感，你会在脑海中联想它摔碎后的锋利边缘，觉得手一碰就会被划破。请相信我，你在产品上下的一切功夫，用户都能感知。

创业者没必要买流量

在此，我给大家提个醒，创业者完全没有必要跟别的平台或公司进行流量交换，别着急打广告，更不要花钱买流量。樊登读书从创立到现在，几乎没有花钱买过流量。之所以用"几乎"这个词，是因为我们也走过弯路，尝试花钱买了一次流量，但是效果很差。

假流量只是一个数据，买假流量纯粹属于自我欺骗，对品牌没有任何帮助。即便有真流量进来，在发现你的产品并不过硬之后，很快也会流失，你根本没有变现的机会，这是一种"虚假繁荣"。

有了这次教训之后，樊登读书再也没有干过"买流量"这样的傻事，所有的流量都是从线下往线上一点一点地带。怎么带？我们确实想了很多推广的方法，其中一些也颇为有效。但一切还是得回归到产品本身。你必须做出一个又一个能让客户尖叫的产品，只有让客户尖叫了，他才会心甘情愿帮你带来其他客户，这样的流量才有意义。

啊哈时刻：与其让十万个人都说不错，不如让一百个人尖叫

请注意，是"尖叫"，而不是"不错"。这两个词都可以用来评价一款好产品，但是在程度上有着很大的差异。"不错"的意思是"好"，满足了客户最基本的预期；而"尖叫"则代表"足够好"，远远超出客户的预期。

世界上有非常多不错的产品，客户的反馈往往是不退货、不给差评，仅此而已。只有足够好的产品，客户使用之后才会很激动，才愿意主动将它分享给身边的人，从而为企业带来新客户。记住一句话："与其让十万个人都说不错，不如让一百个人尖叫。"

创业成功的核心一定是产品足够好，能够让客户尖叫，发出诸如"啊哈，这就是我想要的东西""啊哈，这个产品原来在这儿，我找了好久终于找到啦""啊哈，这个产品这么好用啊"之类的惊呼。我将客户产生这种感受的那刻称为"啊哈时刻"。

我非常明白"啊哈时刻"的重要性，因此多次跟产品经理们强调：多在产品设计上下功夫，让每一个客户在最短的时间进入"啊哈时刻"。只有这样，他才有可能去转发和分享，为你带来新的客户。如果没有一个好的产品做保障，所有的推广工具对你而言都是负担，甚至是陷阱，会带来很大的系统性风险。

产品的"啊哈时刻"才是关键，做不到这个不要谈增长。

让客户为你带来新的客户

在有了足够好的产品之后，MGM 便成为创业者最应关注的事情。你要学会让客户为你带来新的客户，或者说让第一次发展的结果成为第二次发展的基础，就像滚雪球一样。雪球为什么会越滚越大、越滚越快？就是因为每一次往前滚的时候，都是以之前的雪球为基础的。

以樊登读书为例，新会员加入的主要方式是扫描老会员给他发的二维码。截至 2019 年 2 月底，樊登读书的用户是 1500 万人。如果每一个老会员每天都能发展一个新会员，可能只需要一个星期的时间，我们的付费用户就能破亿，再过一个星期，会有更多的人成为樊登读书的会员。

听起来是不是让人热血沸腾？然而，事情并没有想象中这么简单。如何才能让所有老会员每天都将二维码转发给他认识的人？很难做到，每年发一次都做不到。事实上，很多会员至今没有意识到他有二维码，更别提转发和发展新会员了。这是创业团队普遍面临的一个大问题——如何才能让你的客户为你带来新的客户？要想解决这个问题，无非从两个方面入手，一个是让客户参与销售，另一个是让客户提供口碑。

让客户参与销售

顾名思义，你要想办法让客户直接参与到你的销售环节中，让他们成为你的"销售员"，直接拉动你的销售业绩。

（1）直销

直销是典型的让客户参与销售，但它需要牌照，你得拿到相关部门给予的资质才能做，一般的初创企业够不上这个门槛。

（2）代言

就算你不能让客户直接帮你销售，也可以试着让客户为你代言，这种方式可比你请明星做广告划算多了。你可以策划一些活动，让客户用他在朋友圈中的形象为你的产品背书，说他用了某某产品，觉得很不错，然后发一个购买链接。如果确实有人通过这个链接购买产品，你就可以给发链接的客户一定的奖励和优惠。

为了降低风险，在客户愿意为你代言时，最好不要直接分给他佣金。如果直接将代言和金钱挂钩，会引发很多人的抵触心理，他们并不愿意单纯为了钱去代言产品。相较而言，客户更愿意得到的是荣誉感和责任感。比方说你可以回馈给他一些积分、发短信对他表示感谢，或者和他进行深入的互动，让他觉得为你的产品代言是一件很光荣的事情，如果不这么做，会让亲朋好友与难得的好产品失之交臂。

如果你对这种方法比较感兴趣，不妨到樊登读书的 APP 上去看看。为了让客户为我们代言，小伙伴们至少想了二维码分享、图文分享等五种不同的表达方式。做技术的小伙伴还发现，很多客户之所以愿意代言，完全是因为喜欢 APP 里的图片。于是，他们为图片直接链接了二维码，只要客户长时间点击图片，就能自动将二维码发到他的朋友圈，从而为樊登读书带来新的客户。

得益于樊登读书对客户代言的长期关注，我们的体验用户数每天都以几万人的速度增长。在新活动推出时，这个数字还会突破10 万。

（3）带货模式

直播带货的方式这几年很流行，我也比较看好。马云曾经讲过一句话："未来有一部手机，就可以全球买、全球卖，如果有二三十亿年轻人通过手机做生意，全球经济将会发生翻天覆地的变化。"对此观点，我深表认同。

假如你是一个 KOL（Key Opinion Leader，关键意见领袖），或者你拥有一个粉丝众多的公众号，最好的变现方法并不是直接做广告（俗称"硬广"），而是进行软性宣传（俗称"软广"）。直接给企业打广告的转化率并不高，而一篇带有温度的推荐文章，能够让粉丝感受到你的真诚，即便你最终的目的还是帮企业卖货。

2017 年，樊登读书与微信公众号"文怡家常菜"进行过一次合作推广，做菜的女孩文怡是我们的粉丝，经常参与我们的互动。在得知她拥有 20 多万粉丝之后，我们的小伙伴建议她写一篇推荐樊登读书的软广，最后按照会员的转化量与她分成，她很愉快地同意了。

很快，文怡在公众号里发了一篇很棒的文章，题目是《请你务必打开看啊，我坚信，几天以后，你一定会感谢我的》。在文章中，她从粉丝的角度出发，细说了加入樊登读书的诸多好处，在粉丝中引起了强烈的反响，为我们引入将近 5000 名新会员。在计算完分成后，她很高兴地告诉我们的小伙伴，这种方式既不会引起粉丝反感，收入也比一般广告费高多了，她希望能和樊登读书进行长期合作。

你看，这就是让客户参与销售的好处。当你发现社会上越来越多的资源都愿意帮你卖产品的时候，你想不做大都难。

让客户提供口碑

每一个客户都有巨大的潜在价值，除了让他参与产品销售，你还可以让他分享你的产品，进而将产品的口碑告诉更多人。

　　在具体讲解这个方法之前，我们先来了解营销大师菲利普·科特勒在《营销管理》一书中提到的重要概念——营销漏斗。在科特勒先生看来，消费者的购买过程大致可以分为三个简单的步骤：知晓、尝试、购买。在通过各种方式知晓了某件产品之后，一部分消费者会尝试使用该产品，其中又有一部分人会购买该产品，成为企业的客户。

　　随着时代的变化，现在的消费者有了大量的移动社交工具，这让传统的"营销漏斗"出现了两个新的层级——分享和搜索。部分客户会将对该商品的评价发到社交网络上，让更多人有机会看到，这就是"分享"的过程。看见他的分享之后，对该产品感兴趣的人会尝试在网上搜索该产品的相关信息，从而来到"知晓"的环节，进入新一轮的营销漏斗。客户分享的结果将直接影响该产品被搜索的效果，继而影响新客户的知晓、尝试和购买流程。

　　"搜索"这个环节并不是我想展开的重点。如果你觉得自己的品牌被人搜到的机会很少，或者总能在网上看到品牌的负面新闻，那就不妨系统地学习"搜索优化"的相关知识，或者直接与专门经营此项业务的公司合作，让专业人士帮你优化品牌搜索和词条管理。搜索是一门技术活，建议你让专业的人从事，毕竟他们的经验更丰富，也能让你面临的风险更低。

　　相比搜索，我更愿意和大家交流的是"分享"这一关键环节。

你要给客户足够的动力，让他在使用产品之后给予好评，并愿意将产品的使用感受分享到自己的社交网络里。这就意味着，创业者务必深入地了解分享的相关技巧，这是检验产品是不是足够好、有没有解决对方问题的重要环节和步骤。

如何才能让客户主动分享你的产品呢？我从广告学的角度总结了五个关键要素，分别是专业化、简单化、情绪化、可视化、故事化。在下一节中，我们先来了解什么叫专业化。

提升专业的广告品位

　　分享的技巧其实更偏向于广告学领域。在大量的培训和咨询实践中，我发现了一个很有意思的秘密——那些了不起的公司，创始人都对广告学十分精通。

　　农夫山泉创始人钟睒睒最早从事的就是广告行业，经典的"农夫山泉有点甜"就出自他的手笔；娃哈哈的广告也是创始人宗庆后亲自策划的。还有史玉柱，他在广告领域有着独特的风格，每当提起他的名字，我的脑海中就会浮现两个衣着鲜艳、不断扭动身体的老人，耳边还萦绕着那句"今年过节不收礼，收礼只收脑白金"……

　　给大家提个醒，如果你依旧有着"我没必要学习做广告的相应技能，直接找那些广告公司合作就好"之类的想法，你就很难成为一个有销售能力的老板。业界确实有很多资深的广告公司能为你出谋划策，但是拍板还得由你自己来。

当广告公司提供了几个不同的创意后，如果你不具备专业的广告学知识，往往就会挑花了眼，觉得这条也不错，那条也很好。到了截止日期还没选出合适的广告，那怎么办？很多创业者会一拍大腿，选择让自己感觉最兴奋的那条。殊不知，能够让你兴奋的广告往往不是好广告。它能让你兴奋，可未必能触达客户心中的那个点。所以，我建议大家如果有机会，都去学一些广告学的专业知识，这对你日后的创业有百利而无一害。

大学时我看过广告大师大卫·奥格威写的《一个广告人的自白》，这本书彻底改变了我的命运。大卫·奥格威是世界十大广告公司之一奥美广告公司的创始人，他创造出一种崭新的广告文化，是业界公认的现代广告业的大师级人物。

《一个广告人的自白》让我对广告这个领域产生了极为浓厚的兴趣，我大三实习时就投身广告公司，和广告结下了不解之缘。1997 年我读大四时，就已经成为西安最大的广告公司的策划总监，公司为我配置了笔记本电脑、手机和独立的办公室。在这家公司工作时，我参与竞标的项目从未失败过。只要我参加投标，不管在过程中遇到怎样的困难，最后总能中标，我被公司老总称为"广告鬼才"。

其实，我哪里是什么"鬼才"，不过套用了大卫·奥格威在书中教我的方法罢了。因此，我建议大家将大卫·奥格威写的三本书都找来看看，包括《奥格威谈广告》《广告大师奥格威》和《一个广告人的自白》。此外，他还曾为有志于做出最好广告的后辈们推荐了克劳德·霍普金斯写的《科学的广告》，并将其列为奥美公司员工七本必读书之首，大家不妨也去品鉴一二。

当你将这四本书读完后，你对广告的认知会发生翻天覆地的变化，品位也会大幅度提升。对于创业者而言，你并不需要绞尽脑汁琢磨那些绝妙的创意，也不需要亲自动手作图，只需要拥有专业的判断能力，能够判断哪个广告好，哪个广告不好，这就足够了。

此外，像艾·里斯和杰克·特劳特合著的《定位》一书，你起码也得了解一下。虽然《定位》中说的原理并不绝对正确，像樊登读书就属于一家没有具体定位的公司，但是在创业之前，如果能够拥有定位和商业战的相关思想，还是会对日后的创业之路有很大帮助的。

区分产品的两大维度

什么样的广告才是好广告？关于这个问题，其实并没有统一的答案，一切要以产品为依归。换句话说，没有最好的广告，只有最适合产品的广告。

结合大卫·奥格威的广告学理论和我的个人感受，我按以下两大维度将产品进行分类。第一个维度的评判标准是购买的动因，看客户是主动购买还是被动购买；第二个维度是产品的重要性，即某件产品对于客户而言是否重要。

（1）主动购买型与被动购买型

客户出于兴趣、爱好、心情、生活品质、个人享受等因素主动购买的产品，称为"主动购买型产品"；反之，则是"被动购买型产品"。这两种类型的产品要相对来看，主动就意味着非刚需，而刚需产品则是典型的被动购买型产品，比方说手纸、洗衣液、洗漱用具等生活必需品。

同样是买房子，由于购买的需求不同，所购买的房子也分属于不同的购买类型。婚房或学区房是典型的刚需，这类房产都属于被动购买型；而别墅等享受性住房，就属于主动购买型。

汽车也是如此。经济型轿车属于低端的代步工具，属于被动购买型，而奔驰、宝马等高端轿车或跑车则属于主动购买型。

以此类推，减肥产品也分属不同的类型。一个适合 200 斤的大体重人去参加的减肥训练营，就是被动购买型；而适合不足 100 斤的窈窕女郎参加的减脂塑形营，就属于主动购买型。

不同购买类型的划分取决于客户的实际需求。同样的产品在需求不同的客户面前，也会出现不同的类型划分。

（2）重要的产品和不重要的产品

二者最大的区别在于客户对价格的敏感度，而这种敏感度又由客户的实际经济水平决定。同样是吃饭，一顿上万元的高档宴席，对于有钱人来说只是不重要的产品；而一顿三五百元的家庭聚餐，对于低收入人群来说可能就要花掉其月收入的 1/4，这顿饭自然是他们眼中的重要产品。

不同的产品，对应着不同的广告策略

当你将产品的这两大维度相互融合之后，会发现所有的产品都可以被归为以下四大类，不同的产品类别对应着不同的广告策略。

（1）主动购买的重要产品

对于此类产品，代入感是最好的广告策略。什么叫代入感？就是让客户能够身临其境，沉浸到广告的氛围中去，感觉自己已经拥有了这个产品。最典型的例子是汽车广告。

在各种媒体上，我们经常可以看到一些非常炫酷的汽车广告。专业车手们游刃有余地驾驶着豪车，在各种困难路段中穿行，做出急转、急停等高难度动作。更有甚者，还会出现一些现实生活中根本不可能存在的场景，如飞跃悬崖、水上行驶等。客户明明知道这些仅是广告效果，但依然会身不由己地代入其中，享受驰骋天地间的驾乘快感。

在主动购买的重要产品这一类别中，客户对价格并不敏感，他们在意的是身份、阶层的认同和消费给自己带来的乐趣。只要明白了这个道理，你就自然懂得此类广告的关键在于代入感的营造，别墅、游艇、豪车、钻戒等都是如此。

我特别喜欢澳大利亚的旅游广告。通过镜头，澳大利亚将自己美丽无污染的自然景观、独有的生态系统和人文情怀展现得淋漓尽致，让观众对广告中那个神奇的国度心生向往。给我印象最深的是广告中最后一个镜头——一个穿着比基尼泳装的澳大利亚女孩，在海滩上烤着篝火，身边摆放着当地的美酒佳肴。镜头慢慢移动，女孩站起身，边跑边回头说："我们都准备好了，你来了吗？"

大海、沙滩、篝火、海鲜、美酒、佳人，一应俱全，差的只有你了。这就是广告带给观众的代入感，让你不禁发出感慨："人生不过如此啊！"我当时看完广告后，立刻就想订机票飞去澳大利亚，可惜出于各种原因未能成行，深感遗憾。

（2）主动购买的不重要产品

对于此类产品，广告的侧重点应放在强调客户的身份属性上。产品广告要告诉观众，你只要使用了我们的产品，就是某种类型的人，让观众更有归属感。比方说，买了百事可乐，你就是年轻的新一代；喝了红牛，你就会充满精力，迎接一切挑战……那些比较成功的酒水饮料广告，概莫能外。外行人看不懂，只觉得这个广告很热闹，而内行人一眼就会明白："噢，路子对了。"

（3）被动购买的重要产品

重要产品的一个典型特征是价格相对比较高，而被动购买则意味着这是客户的刚需，客户不买不行。有了这个大前提，你就会明白一些广告为什么拍得那么低端。低端绝不意味着无效，比如不孕不育医院的广告，肯定不能学奔驰、宝马去拍那么潇洒诗意的广告，你需要展现的是产品的专业度，能切实解决客户的痛点。你要实打实地告诉客户：你的医院有多少资深医生和专业设备、解决过多少生育难题、能帮客户省多少钱……整个广告围绕客户痛点这个核心宗旨展开，越严肃越好。

办公家具的广告也是如此。你可以通过镜头将选错办公家具的严重后果一一展示，最后告诉客户："我们能给你提供合适的办公家具。"

此类产品的意向客户往往是从牙缝中挤出钱来购买产品的，你需要做的是不断触动他们的痛点，帮助他们尽早下定决心。

（4）被动购买的不重要产品

此类产品很有意思，最适用的广告手法是对比。其他的话不用多说，通过各种对比性实验，凸显自己产品在同类产品中的独特优势就行。宝洁公司的广告大多都是这个套路。

大家肯定对佳洁士的广告印象极深，就是用两个涂抹着不同品牌牙膏的贝壳做对比。在酸性物质中浸泡一段时间之后，涂抹其他品牌牙膏的贝壳一敲就破，而佳洁士的牙膏能帮助贝壳抵抗腐蚀，不会轻易被敲破，效果一目了然。

以上是不同类型的产品最适合的广告策略，大家不妨用身边经常接触的成功广告来印证，以便加强理解和记忆。此外，我还想提醒诸位创业者朋友：为了降低风险，一旦确定你的广告有效，千万不要轻易更换。客户对广告的记忆有限，频繁更换广告只能让客户忘得更快。

全国每年都在做广告的品牌有 200 多个，真正能够让客户记住的不会超过 100 个，有些人甚至连 50 个品牌都记不住。那些能被记住的品牌，在广告方面都有一个共同的特点——长时间投放。

匆匆忙忙地投广告，又匆匆忙忙地换广告，只会让广告费打水漂，而将广告长时间地在各个渠道"循环播放"，才能起到更好的效果。

将传播点控制在一句话之内

说完专业化，再将目光投向让客户愿意主动分享的第二个关键要素——简单化。所谓简单化，就是你要将品牌的传播点浓缩为简明扼要的一句话。

很多创业者想尽可能多地将产品的相关信息告诉客户，结果却往往适得其反。要知道，我们正处于一个信息大爆炸的时代，客户的注意力是最为宝贵的稀缺资源。如果你传播的信息量过大，没人能耐心地听完。当然，这句话可不能信口胡说，你需要注意以下几个方面：

简洁

你必须把传播点控制在一句话之内，而且要足够简洁，一个多余的字也不要说。

哈根达斯冰激凌完全可以主打很多卖点，比方说有营养、味道好、包装精美等，但大家知道它的广告语是什么吗？"爱她，就请她吃哈根达斯"，将哈根达斯与爱的表达结合在一起。极为简洁的一句话却能给人留下深刻的印象。

要让客户分享你的产品，就应想尽办法给他一个简洁易懂的句子，千万不要舍不得做减法。即便你的产品确实还有很多优点没讲出来，也要学会舍弃。

多用俗语

口语是人类语言的源头，研究结果显示，20% ～ 50% 的购买决策主要受口头传播的影响。一些引起广泛传播的句子，都是口语、俚语和套话。很多农村墙体广告的句子就很好，如"要想娶媳妇，立刻上淘宝"之类，这种句子极易传播。如果你提炼的那句话听起来十分"高大上"，效果往往都不会太好。TCL 曾经花了上亿元在中央电视台打了一条广告，叫"TCL，成就天地间"，听起来确实格局很大，但离普通消费者太远了，有些不接地气。

樊登读书的口号是"每人每年一起读 50 本书"，这句话不是想当然的，而是经过内部多次讨论后提炼出来的。有很多朋友给我提建议，说："你们这句话太普通了，不能体现读书人的高雅格调。"

每当听见这样的建议，我在感谢对方之余，都会暗地里想："如果换成'打破知识的诅咒'之类的句子，估计你说出去也没多少人能够听得懂吧。"

华与华董事长华杉先生说过："所谓广告，绝不是企业写一句话让消费者听，而是写一句话让消费者传给其他消费者听。"换句话说，你得说大家都能听懂的话。

戏剧化表达

一个能打破客户固有思维、充满戏剧性的句子，往往能让他记忆深刻，得到更多的传播机会。迪士尼就是个很好的例子。

迪士尼员工守则里的一句话，让我听完反复品味了很长时间，颇有些意犹未尽的意思。那句话是："所有迪士尼的员工都是表演艺术家。"

听完这句话后，我就在想：员工怎么会是表演艺术家？怎么表演？扮演动画角色吗？

后来我才知道，迪士尼的员工就连扫地时都在跳舞，看见有排队的孩子，还会过去给他扮鬼脸、变魔术，让他不再觉得排队是一件十分无聊的事情。将工作变成表演，相信每一个迪士尼的员工都会发自肺腑地爱上自己的工作。

直接体现诉求

创业者最好能在广告语中直接说明产品能为消费者提供哪方面的需求，无须过多修饰，直击消费者的痛点，并将其彻底打透。如"我们不做美容院，我们就做减肥这一件事""我们不做健身房，我们就做拉伸"……这些都是很明显的直接诉求，也是很好的句式。

有些创业者喜欢用一些大而无当的口号，比如"西安最好的快餐店"，这样的口号毫无可信度，还不如"西安最好吃的煲仔饭"更能直击人心。随着你不断地为品牌做减法，你的客户黏度也会水涨船高。

用产品牵动大众的情绪

你是否想过：为什么有些品牌的相关消息能够一夜引爆朋友圈，而有些却石沉大海？为什么有些产品无处不在，而有些则无人问津？答案很可能与情绪有关。研究证明，能够感染他人情绪的内容往往比其他内容更能激发人们即时分享的欲望。因此，我将"情绪化"列为让客户带来客户的第三个关键要素。在这一节中，我将重点和创业者朋友们探讨，如何才能有效唤醒客户的情绪，让他们愿意分享给其他人。

能触动情绪的事物经常会被大家谈论，所以创业者需要通过一些情绪事件来激发人们分享的欲望。说到这里，有一本书《疯传：让你的产品、思想、行为像病毒一样入侵》不得不提，作者是沃顿商学院市场营销学教授乔纳·伯杰。他在书中用无数案例和调查数据验证了自己的观点：如果你的产品或品牌能唤醒他人的情绪，它就有机会被大众疯狂传播。

先让我们弄明白情绪到底是怎么回事。众所周知，情绪可以分为积极情绪和消极情绪两大类。很多体现积极情绪的信息确实更容易被人们转发，但有时消极的信息也会成为热点，比如投诉一家大公司。所以，积极情绪和消极情绪，并不能作为判断一个信息能否广泛传播的依据。在此基础之上，乔纳·伯杰又提出了"唤醒度"这个概念。

所谓唤醒，其实说的是一种状态。在此状态之下，你的身体被激活，并跃跃欲试，准备做点什么。并非所有的情绪都具备高唤醒的效果，有些情绪甚至会起到抑制唤醒状态的反效果。比如，你不幸地失去了与自己相伴多年的宠物，在这种状态下，你什么也不想做，这就是低唤醒。按照这两个维度，乔纳·伯杰将人类的情绪分为四大类。

积极高唤醒情绪

崇高感、感动、敬畏、勇敢等情绪均属此类，这种情绪会让你愿意将其传播给更多人。比如抗战胜利73周年纪念日那天，很多人会向人民军队致敬，这就是大众愿意转发的"积极高唤醒情绪"。

科学类文章中描述的渐进性创新，或发现与探索之旅，能够激发读者某种特殊的情绪——敬畏之情。敬畏之情通过带给人震撼和感动来引发共享行为，最经典的例子就是当年人们第一次拍到冥王星的照片。

2015年7月14日，人类第一次拍到了清晰的冥王星照片，当时这件事引爆了朋友圈，我身边几乎所有朋友都在转发冥王星的照片。与此同时，也有很多公司用冥王星照片做广告，樊登读书也在那天蹭了一次热度。

这件事我记得相当清楚，因为广告语是我想的。我让美工在冥王星照片的旁边加上了一句话："多读书，你会恒久敬畏。"正是因为拥有敬畏感，你才愿意转发樊登读书的广告。

大家不妨再思考一下，李宇春为什么能够夺得2005年《超级女声》的冠军？除了她过硬的歌唱实力，还有很大一部分原因在于她带来的正能量。

那届超女有观众票选的环节，观众的投票情况会影响最终名次，而李宇春得到了300万张选票，她也因此成为娱乐圈内耀眼的明星，从此星途灿烂。

在李宇春成名之前，大众认知中的女歌手个顶个都是美女，而李宇春完全不在此范畴之内。她拥有的不是美貌，而是雄心，是蓬勃向上的正能量。要知道，大众的情绪最容易被正能量调动。保罗·帕茨的成名也是基于此理。

保罗·帕茨是一位手机销售员，成名前没有接受过任何正规的声乐训练。此外，他的外貌平平，又矮又胖，还长了一口龅牙。然而，在他登上《英国达人》的舞台之时，却以一首歌剧《今夜无人入眠》惊艳全英国。

由于其貌不扬，不客气地说甚至有些丑，评委们一直不看好保罗·帕茨。但是当他开口唱完第三句时，现场马上爆发出热烈的欢呼声。没人能够想到，他在唱歌时好像完全变成了另一个人，在舞台上发出璀璨的光芒。曲末一段完美的高音，更是让全场观众陷入疯狂，纷纷起立鼓掌，掌声经久不息。

最终，保罗·帕茨凭借完美的表现，获得了 2007 年《英国达人》最高的观众支持率，荣登冠军宝座。

走上音乐道路之后，保罗·帕茨到世界各地举办巡回演唱会，一度成为英国的年度专辑销量冠军，从一个羞涩内敛的手机销售员蜕变为国际巨星。大众喜欢的正是他这样的励志故事，这种故事能够带来正能量和崇高感，让你相信人性的光辉，并愿意为此进行大量的传播。

再给大家举个例子，比如你的创业领域是急救，就很容易引发积极高唤醒情绪。我在社交网络上几乎看不到急救的相关产品和知识，但事实上急救这件事十分重要，完全可以调动人的社会责任感。你将这样的信息转发给身边的人，他们一定会感谢你，因为不知何时就有可能救人一命。只要你的产品过硬，文章写得客观真实，就会有很多人愿意帮你分享。

消极高唤醒情绪

恐惧、愤怒和焦虑是最容易让人产生分享行为的消极情绪，以下分而论之。

（1）恐惧

有句话叫"恐惧是最好的销售剂"，说的就是这个道理。疫苗事件为什么引发了那么多人的关注？因为它引发了所有人的担忧——疫苗出了问题，孩子们该怎么办？无数家长出于对孩子健康的关注，持续不断地参与转发与事件进展相关的文章和报道，这就是"消极高唤醒情绪"。

（2）愤怒

接下来是愤怒。说到愤怒，有一个非常有趣的经典案例与大家分享。

加拿大歌手戴夫·卡罗尔在乘坐美联航的飞机后，发现随机托运的吉他被摔坏了，这把吉他的市场价值是 3500 美元。愤怒的卡罗尔由此展开了与美联航之间长达 9 个月的交涉，最后，他的赔偿要求得到的答复竟然是"不"。

在愤怒和沮丧之余，他想到了一种另类的报复方式——写首歌来反映情况，《美联航弄坏吉他》由此诞生。卡罗尔以幽默的歌词唱出了事情的经过，甚至还拍了一个情节有趣的 MV。随后，他把这个 MV 上传到了视频网站 YouTube 上。

短短几天之内，这个 MV 的点击量便达到 400 万次，获得 14000 条评论，成为当时网上最红的视频之一。在视频发布一周后，美联航的股价下跌了 10%，1.8 亿美元市值凭空蒸发。2009 年，美国《时代周刊》把这首歌列入当年的十大金曲之一，这就是消极高唤醒情绪的力量。

（3）焦虑

焦虑也是一种典型的消极高唤醒情绪。现在有很多知识付费平台喜欢打焦虑牌，目的是卖它们的付费课程产品。我对这种做法并不赞同，我个人认为，焦虑并不能通过听课来缓解。如果一个人感到焦虑，越听课越焦虑，甚至还有可能投诉平台，说你虚假宣传，并没有缓解他的焦虑。

作为知识付费平台，一定要确保客户在听课时能时刻保持愉快的心情。因为花钱听课是客户的权利，而不是他们的义务。客户之所以会在平台上购买课程，并不是因为他被生活逼得走投无路，反倒是因为他对更高品质的生活充满热爱与向往。这是两种完全不同的引导方向。

需要注意的是，利用消极情绪激发共享行为时，创业者也要事先做好相应准备，当心不良情绪恶性扩散。一旦事态发展超出你的可控范围，很可能为你引来麻烦。

积极低唤醒情绪

舒服、惬意、悠闲等都是典型的积极情绪，但是很少有人会为此转发，它们属于"积极低唤醒情绪"。比如，你今天中午吃了几道特别美味的菜，情不自禁地拍照发了朋友圈。两个小时之后你会发现，你的这条朋友圈可能有很多人点赞，但没有一个人转发。

我之前发过一条在海滩度假的朋友圈，拍了自己光着脚走在沙滩上的照片，并为其配了文字："偷得浮生半日闲。"我以为即便没人转发，总会有很多人给我点赞吧。结果却出乎我的意料。确实有不少人点赞，但更多的人在朋友圈下方留言说我脚太脏了，不应该入镜破坏照片的整体美感。

消极低唤醒情绪

悲伤、难过、疲惫、烦恼、厌倦等是典型的消极低唤醒情绪。像前文提到的，假如你家的宠物死了，你特别悲伤地发了一个朋友圈，大家肯定不会转发。

每一个广为流传的产品，背后牵动的其实都是大众情绪。只有弄明白情绪的奥秘，你才能知道品牌或产品要做的宣传应该针对哪种情绪。只要情绪被点燃了，事儿就能传开，而且风险很低。

让客户看在眼里，记在心里

中国有句老话，叫"眼见为实，耳听为虚"，说的是大多数人都更愿意相信亲眼看见的事情，这个道理在传播学上被称为可视化。影响品牌能否广为传播的因素有很多，可视化是其中十分重要的一个。简单而言，你必须让自己的品牌能够被大众看见。

可视化的品牌更容易传播

为什么很多大型企业都在研发手机？从传统的家电企业格力、海尔，到互联网新贵小米、360，它们为何都将手机视为企业布局的重要组成？原因之一就是手机的内容极易传播。只要客户使用手机，便很容易被他人看见，一传十，十传百，继而掀起流行热潮。

凡是能够被看见的产品更容易流行，比如杯子。你知道光保温杯这个品类的市场规模有多大吗？ 2018 年全球不锈钢保温杯的市场规模将近39亿美元，中国市场占比超过一半，20多岁的年轻人是购买保温杯的主力人群。为什么杯子的市场这么大？因为杯子的单价比较低，又容易被人看见，只要将杯子的外形设计得与众不同，就会有人问："这个杯子是从哪儿买的？"

这个道理反过来也会成立：凡是看不见的产品就很难流行。当然，这并不意味着那些无法被人看见的产品就应举旗投降，你完全可以使用各种办法将你的产品可视化，比如杜比（Dolby）实验室。

杜比实验室的主要成果是杜比降噪系统和杜比环绕声系统等多项技术，这些技术对电影音响和家庭音响产生了巨大的影响。显然，杜比实验室的成果很难用肉眼看到，就像除甲醛的产品一样，无法看到它产生效果的过程。为了让自己的产品拥有可视化的传播属性，杜比实验室煞费苦心地跟各大VCD、DVD、电影公司谈判，宣称对方如果想要使用杜比技术，就必须在片头加上带有杜比商标的宣传短片，并且不可快进。

大家不妨回想一下自己看过的那些DVD影片，是不是在影片开始时都能看到杜比的标志？杜比实验室成功地为不可视的音频技术性产品附上了可视化的视觉效果，让大众彻底记住了他们的品牌。

假如你有一个伟大的想法，想呼吁大家接受和包容艾滋病患者，可是这个想法原本不太可能成为大众话题，大多数人对艾滋病还是持有恐惧和排斥的态度，那你该怎么办？答案还是可视化——

为你的想法配上一根红丝带。

20 世纪 80 年代末人们视艾滋病为一种可怕的疾病，艾滋病患者普遍会受到歧视。为了让更多人尊重艾滋病病人的人权，以纽约画家帕特里克和摄影家艾伦为首的 15 名艺术家成立了一个叫作"视觉艾滋病"的组织，希望创造一种视觉象征，让人一看就能接受并愿意主动传播。

艺术家们选择了代表生机、激情和鲜血的红色作为丝带的颜色，作为理解、关爱艾滋病患者的视觉标志。此举一出，在美国引起了巨大的轰动，在连续几年的奥斯卡颁奖典礼上，几乎所有明星都佩戴着红丝带。

此后，越来越多关注艾滋病的爱心组织、医疗机构、咨询电话纷纷以"红丝带"命名，红丝带这个视觉象征正式走向国际，以至于红丝带的缔造者之一艾伦感叹道："我从来没有想过，它（红丝带）会这么流行。"

消费客户的行为剩余

电影明星原本就拥有比较高的大众曝光度，他们身上佩戴着的红丝带因此得到了更加广泛的宣传，这其实涉及了传播学中的一个重要概念——公共性。

人是典型的社会性动物，没有人能脱离社会单独存在。当客户购买了你的产品之后，如果你能通过可视化的方式，充分利用客户的公共性特征，便会无形之中增加品牌曝光的机会。我将这个过程称为"消费客户的行为剩余"。其中典型的例子就是运动服，几乎所有运动服饰都会在它特别显眼的地方展现出它的商标，以此利用客户的行为剩余。

在肯德基和麦当劳，打包袋是平底的纸袋子，上面还有提手。当你拎着两面全是广告的包装袋走路时，一路上都在给它们做广告；回到办公室之后，因为这个包装袋是有底的，你绝不会把它平摊在桌上，而会像广告牌一样立着摆放，所有路过你工位的人，都能一眼看到它们的 logo，这就是在消费你的行为剩余。

读到这里，你应该能够明白公共性的基本原理，这也是樊登读书未来发展的一大瓶颈。我们一直在进行各种可视化尝试，比如我们在定制的 T 恤上面印了樊登读书的口号：Keep Learning（持续学习）。平时你不知道谁是樊登读书的会员，但只要他一穿上这件衣服，就从隐形的会员变成了可见的会员。只要有人愿意穿我们的 T 恤，就等于有人愿意帮助樊登读书进行品牌传播。但是，这种方法的传播效果依然十分有限，因为我们没有办法通过一件 T 恤让人很直观地看出读书的好处。如果你能为樊登读书想到更好的可视化办法，欢迎与我们分享。

管理不可视，只有品牌可视

我们曾有个会员是做卡拉 OK 运营的，他手下有着经验丰富的管理团队，但他从来不做自己的品牌，只是默默地替品牌方进行管理，收取管理费用。这种团队的抗风险能力很差，一旦品牌方决定毁约、取消你的管理资格，你毫无反击的能力。原因何在？这是因为管理本身不可视，只有品牌可视。客户认的是酒店或卡拉 OK 的招牌，而不是领班。即便彻底更换了一支管理团队，在短期内也不会对业绩产生过大的影响，这就是品牌方底气的来源。

我建议大家，如果想投身于这些领域，一定要像如家、汉庭那样，做一个属于自己的品牌，让客户能够看在眼里、记在心里。你可以从外边拉投资，也可以聘请成熟的管理团队，但有一点绝不能放弃，那就是品牌。

用故事打败"知识的诅咒"

懒惰是人类的天性之一，"世界是懒人创造的"，这句话说得很对。为了省力移动，人类发明了车轮，由此有了马车、汽车；为了满足懒人不做饭、不洗碗的愿望，最早的食肆、饭庄便有了用武之地。同样，为了偷懒，人的大脑天然地对逻辑、规律、原理之类的理性思维十分排斥，这些东西听起来都十分费劲儿，理解起来自然更累。而故事这种完全不需要动脑就能听懂，还能从中受到启发的感性表达则颇受人们喜爱。

举两个非常简单的例子。很多人听过《荷马史诗》中"特洛伊木马"的故事，小亚细亚古城特洛伊的王子帕里斯爱上了斯巴达美女海伦，并将她带回了特洛伊。海伦的丈夫、斯巴达国王墨涅拉俄斯邀集希腊其他城邦，在迈锡尼王阿伽门农的统率下，率领强大的舰队追到特洛伊，围城攻打了 10 年之久。故事最后引出了希腊联军巧施的"木马计"。特洛伊战争这一版本的故事广为流传，但同样记载历史的《世界史》一书却闻者寥寥，这是因为美女英雄的故事人们更爱听。

另一个例子是在无人不知的《西游记》中。"孙悟空三打白骨精"的故事你肯定耳熟能详，但说起吴承恩的《西游记》原著，却未必有多少人完整地读过，章回体小说读起来确实挺费脑的。

人们在故事里感受情节、体会情绪、遇见自己未知的期待，也在其中发现人生经验。这种"只可意会，不可言传"的领悟，正是故事广为流传的原因——人们总是将自己领会的东西称为经验，而对他人的忠告默认设置了忽略操作。所以，如果你想说服客户却总是不得要领，不妨先讲个故事试试。

好的故事，能单手打败"知识的诅咒"

十几年前，有位前同事跑来找我，说："我现在做的是信诚人寿，你买份保险吧？"

此前，我并没有听说过他说的这家保险公司，便跟他说："我确实打算再买一份商业保险，但为什么要买信诚人寿的？这家公司我听都没有听过。"

前同事可能经常听到此类问题，颇有些习以为常。他笑着跟我说："您没有听过信诚人寿不要紧，您听说过第二次世界大战（后文简称为'二战'）吗？"

谁没听说过二战呀？我不仅听过，还对二战的历史相当感兴趣，经常看此类史书。于是，我赶紧点头说："二战我肯定听过，但这和信诚人寿有什么关系？"

前同事一脸神秘地告诉我："信诚人寿刚进入中国不久，知道的人确实不多。但它的母公司叫保诚保险，是英国最大的保险公司，在二战中，英国士兵的死亡赔付都是保诚全额理赔的，大概有11万件。"

我一听他说的这些话，随即对他竖起大拇指，说："那确实挺牛的。"前同事更来劲了，接着问："不仅如此，泰坦尼克号您听说过吗？"我已经习惯了他的套路，便问道："我当然听过，又是保诚赔的吗？"前同事很自豪地点了点头，说了一个字："对！"

我拍了拍他的肩膀，告诉他："什么也不用说了，给我来一份吧。"

由于信诚人寿进入中国的时间比较晚，我确实在此之前没有听说过，下意识地认为其知名度不高，对它的产品便不太感兴趣，这就是我的"知识的诅咒"。可是，这位前同事只用了三言两语就让我决定购买，打破了"知识的诅咒"，靠的便是故事的力量。

创业者讲故事，容易引发大量的话题传播

樊登读书能够实现高速增长，其实也与故事有着很大关系。很

多老会员在发展新会员时，往往会跟对方讲我的故事。不仅如此，他们还经常讲自己加入樊登读书之后发生的事情。

有一名老会员在听了我讲的创业课之后，毅然决然地走上了创业的道路，现在已经在当地企业家圈子里小有名气。她曾无数次跟人分享自己的创业经历，说自己文化水平不高，没有读过几年书，小时候不管听哪位老师讲课都会打瞌睡，只有听樊登老师讲课时才会全神贯注，并且真的学到了很多有用的创业方法和技巧。

一位朋友在听了她的故事之后，觉得加入樊登读书确实让她发生了很大的变化，于是也加入了我们的队伍，成为樊登读书的一名分会会长，表现极为活跃。

支配一个好故事的从来都不是情节，而是催动情节发生的、能够让别人产生共鸣的本性与愿景。就像每个人都有独特的人生剧本，你我身在其中，既遥遥相对，亦能惺惺相惜。

没有什么比一个好故事更能打动人心，在情节叙述中加入细节可以让故事更加生动，用你的感情去打动听众，可以将商业信息嵌入故事当中，传递自己的品牌思想、语言、信息或者结论。一个完整丰满的好故事，往往比 20 页 PPT 更有说服力。

说到这里，我需要提醒一下大家，所有的故事都是叙事，但并不是所有的叙事都是故事。零散片段的堆砌、公司层级的制度展示、公司大事记、被动的流水账等都不是故事，因为它们没有完整的情节，无法令人印象深刻。我见过特别多不会讲故事的创业者，他们其实有很多好的想法，但是因为品牌故事说得让人莫名其妙，最终折戟沉沙，令人叹惜。

好故事是设计出来的

不会讲故事怎么办？没关系，只要你愿意学习就行。我给大家推荐一本书，叫《故事经济学》，作者是剧作家、被誉为"编剧教父"的罗伯特·麦基和内容营销专家托马斯·格雷斯。这本书集结了罗伯特·麦基 30 年的授课经验和托马斯·格雷斯的商业研究，以"一场商业战略就是一个等待发生的故事"为核心，告诉你好故事其实是可以通过下面的步骤设计出来的。

（1）目标受众

在讲故事之前，你必须先想清楚受众是谁，这个故事将对你的目标受众产生怎样的影响。

（2）主题（背景设定）

包括社会背景、主要人物以及核心价值。其中核心价值将体现故事的意义，常表现为主要事件变化的两端：爱或恨、忠诚或背叛、生存或死亡、道德或不道德、希望或绝望、正义或不公，诸如此类。

（3）激励事件（导火线）

指打破主人公生活平衡的直接事件，该事件的发生拉开整个故事的帷幕，比如白雪公主被逼出逃这件事，打破了白雪公主的正常生活，引出后续的一连串故事。

（4）欲望对象

指主人公为了找回生活重心而产生的目标。包括内在目标与外在目标，内在目标就是故事的内在追求，比如正义必将战胜邪恶等；外在目标是主人公给自己定的目标，比如获得一笔奖赏等。

（5）第一个行动

主人公开始采取怎样的行动，指的是他在确定欲望对象之后的第一个行动，至少看起来在向欲望对象推进。

（6）第一个反馈

这个反馈往往是负面的，它突然击碎了主人公的期望。

（7）危机下的抉择

这时主人公置身更大的危机之中，不仅没有得到欲望对象，反而快要失去它了。他会从第一个反馈中得到教训，带着洞察力重整旗鼓，准备展开第二个行动。第二个行动往往比第一个行动更加困难，且面临的风险更大。为此，主人公不得不孤注一掷。

（8）高潮反馈

　　主人公的第二个行动引发满足受众期望的高潮反馈，令主人公得到或失去欲望对象。这一事件也令他的生活重新归于平静。换句话说，在故事结束时，内在目标必然已经达成，而外在目标是否达成已经不再重要。

　　以上八个要点共同构成一个通常意义上的好故事。需要提醒大家的是，不是所有打动人心的故事都必须包含这八个要点，有时，其中的一些要点已经内置在目标受众的脑海中，不需要多加赘述。比方说保诚保险的故事，大家都知道二战给世界人民带来了巨大的创伤，这一点不用多说，你只需要用一句话说出故事的高潮就行——二战中英国士兵的赔付是由保诚保险完成的，剩下的尽在不言中。

8

打造指数级增长
的引擎

未来所有的公司都会是指数型增长的公司，加入其中便意味着拥有了未来。而如果你的公司一直处于线性增长的发展模式中，到最后你会发现，成本永远比你的收入增加得更快，风险系数也会水涨船高。

学会用幂次法则思考

我们惊叹于小米的迅速崛起和阿里巴巴的快速扩张，也好奇是什么让谷歌在波诡云谲的竞争市场里始终走得稳健从容。其实，不管是小米、阿里还是谷歌，它们的成功都离不开幂次法则的作用。

世界 500 强一直以来都是企业界的风向标。在 1920 年，世界 500 强企业的平均寿命是 67 岁；到了 2019 年，世界 500 强企业变得越来越年轻，平均寿命只有 12 岁。这就意味着那些曾经的老牌大公司逐渐被新兴公司取代，其间的根本原因就在于传统的线性思维被幂次法则打得一败涂地。

从线性思维到幂次法则的转变

很多人对幂次法则并不陌生，却把幂次法则简单地理解为二八定律，实际上，幂次法则的意义远不止于此。它是自然界当中的一个秘密，整个自然界都是符合幂次分布的。

下面这个例子应该能够让你对幂次法则有一个更加深入的理解。

"如果我把一张纸对折 50 次，大家猜猜这张纸最后的厚度大概是多少？"这个问题我问过很多人，而他们的答案往往是："不会高过 10 米吧""有没有东方明珠电视塔那么高"……事实上，如果将一张纸对折 50 次，它的厚度会远远超过地球到月球的距离。

答案是不是挺让人震惊？其实这只是一个简单的数学计算。我们不妨算一下，一张纸的厚度是 0.08 毫米，对折就是厚度乘以 2，再对折就是乘以 2^2，对折 50 次也就是乘以 2^{50}。

一张纸对折 50 次的厚度为 90072 万公里，地球到月球的距离约为 38 万公里。大家对比一下这两个数字，一张纸对折 50 次的厚度是不是远远超过地球到月球的距离？这就是幂次法则。

还有一个例子，假设你有一桩生意，每年的收益都能增长 50%，那么 10 年之后，这个生意的收益能增长多少倍？答案就是 1.5 的 10 次方——57.66。一个年收益增长 50% 的企业，10 年之后会增长 57 倍多。那么，20 年、30 年、50 年之后呢？就是一个庞大的天文数字了吧。

人类几千年的历史发展轨迹都是线性的，但由于技术和思维方式的改变，世界的变化不再是 20%、40%、60% 这样的线性增长，而是平方、四次方、八次方这样的幂次上升。近年来，不断有行业巨头被取代、新兴互联网公司在崛起，这背后正是体现了从线性思维到幂次法则的转变。

在 20 世纪 80 年代早期，手机既笨重又昂贵，世界著名的咨询公司麦肯锡曾做过这样的预测：2000 年之前，移动电话的使用量不会超过 100 万部。基于这个预测，麦肯锡建议美国电话电报公司（AT&T 公司）不要进入移动电话行业。

后来出现的事情打了麦肯锡公司一个响亮的耳光：2000 年时，世界上使用手机的人数达到了 1 亿，麦肯锡的预测只是这个数字的 1%，这也导致美国电话电报公司错失了信息时代最重要的发展机会。

无独有偶，3D 打印、生物技术等领域都发生过类似谬以千里的预测。归根结底，不过是这些领域的专家总是以线性思维进行推测，毫不顾及信息化产业幂次增长的现实。诺基亚公司和谷歌公司的命运正是对这一现象最好的诠释。

诺基亚公司在其如日中天的时候，就曾预测未来是智能手机的天下，并且认为手机行业的竞争焦点会发生在电子地图领域。为了能在未来的竞争中掌握主动权，诺基亚公司提前布局，斥资 81 亿美元收购了当时最好的地图公司——NAVTEQ。NAVTEQ 耗费巨大财力在街道两边埋了大量传感器，以获取街道信息。

诺基亚公司的竞争对手谷歌公司对未来也有着同样的预测，它的做法是以 11 亿美元买下了一家毫不起眼的地图界小公司 Waze，

Waze 的策略是利用其用户手机上的 GPS 传感器来获取交通信息。由于手机用户数量的暴增，在短短两年内，Waze 的交通数据量就赶上了 NAVTEQ，四年之后更是达到了 NAVTEQ 的 10 倍以上，但成本却基本为零。

诺基亚公司和谷歌公司的出发点大致相同，但付出的代价却悬殊。不仅如此，诺基亚公司在收购了电子地图公司后，还需要生产和埋下更多的传感器，而谷歌公司收购 Waze 后，几乎没有支付任何后续成本，就收集了全世界的地图信息，这才有了后来以精准著称的谷歌地图。

诺基亚公司和谷歌公司针锋相对的背后，其实就是线性思维和幂次法则的较量。诺基亚公司的线性思维是：先买下一项实际的"资产"，以此寻求企业步步为营的发展；而谷歌公司的幂次法则是：借助用户智能手机的更新换代，跳过 GPS 的升级需求，以此实现跳跃式发展。

第一次发展的结果，会成为下一次发展的基础

决定幂次法则出现的根本原理是什么？第一次发展的结果会成为下一次发展的基础。比如赫赫有名的摩尔定律：当价格不变时，集成电路上可容纳的元器件的数目，约每隔 18 至 24 个月，便会增加一倍，性能也将提升一倍。换句话说，同样的花费可享受的电脑

性能，将每隔 18 至 24 个月翻一番，性能提升呈现明显的幂次增长态势。

为什么每隔 18 至 24 个月，元器件的尺寸就会小一半、集成电路的容量就会大一倍？因为第一代元器件被用来研究第二代更小的元器件，第二代更小的元器件又被用来研究第三代再小一半的元器件，只要符合这个特征，就能够出现幂次法则。

现在你明白为什么沃伦·巴菲特的年化投资收益率只有 23.5%，却能成为举世闻名的股神了吧？对，从 1957 年开始，他的年化投资收益率确实只有 23.5%，但这一数字迄今已保持了 60 多年，每年增加的财富都能成为他下一次投资的基础。正因如此，巴菲特将幂次法则称为世界上最可怕的力量。当然，他说的是投资界的术语"复利"，其实和幂次法则是一个道理。

我之所以会花这么大的篇幅来诠释幂次法则，是因为没有它就没有本章的主题——创业组织的指数型增长。所谓指数型增长，就是幂次法则在创业过程中的具体体现。

指数型增长的三大底层理论

一家公司的线性增长公式是：Y（业绩）=N（内在变量）× X（外在变量）。如果想让这样的公司快速增长，你要做的是将变量的数值提升，要么投入更多外部资源，比如购买一条新的生产线，或者引进一批新员工；要么提升员工的工作积极性，从 5（每周工作 5 天）× 8（一天工作 8 小时）的工作时间变为 6 × 12，乃至更多。2019 年春节前，我听说杭州有家公司在员工中推行了"996 工作制"（早上 9 点上班，晚上 9 点下班，每周工作 6 天，也就是此前提到的 6 × 12），且不说是否符合国家的相关规定，单说通过强制手段让员工超长时间工作，这一点我就不太赞同。好员工是长出来的，而不是逼出来的，强扭的瓜从来甜不了，你要学会让员工自发奔跑。

指数型增长的公司则完全不同，它的增长公式是：Y（业绩）= N^X（N、X 均为变量），也就是幂次法则的具体体现。创业者如果想让自己的公司出现指数型增长，就得花心思在变量上下功夫。我总结了以下三大理论，希望能切实地帮到创业者朋友们。

"偏好链接"理论

互联网具有无尺度网络化的特征，大部分节点只与少数超级节点相连。为什么所有互联网公司都在追求成为各行各业的头部公司？因为头部公司会带来"偏好链接"，进而产生越来越多的链接，最后形成"马太效应"。

根据偏好链接的理论，我们可以得出这样的结论："成为头部"是当下互联网创业的唯一选择。指数型增长是最重要的事情，只有让你的企业出现指数型增长，你才能获取更多的偏好链接，进而形成正向循环。

"想法流"理论

什么叫想法流？它指的是人们会在潜移默化中受到其他人的影响。一旦强大的信息素被释放出来，大多数人都会莫名其妙地认同同一件事情。在社会心理学的理论中，这种现象被称为"群体潜意识"。

罗辑思维、喜马拉雅和樊登读书都是知识付费领域的佼佼者。因此，我经常在各种场合被问及这样的问题："樊登读书和罗辑思维是不是竞争对手？""你们跟喜马拉雅是不是打得热火朝天？"

每当遇上这样的问题，我都会笑着回答："我和罗辑思维、喜马拉雅根本不是竞争对手。事实上，我们是在共同打造一股'想法流'，让所有人都觉得通过手机来学习这件事儿很靠谱。我们所对抗的不是彼此，而是《王者荣耀》《英雄联盟》《绝地求生》这些和我们抢占用户时间的产品，那才是我们共同的对手。"

如何形成自己的头部优势？就是要获得当前最强大的想法流的支持，并最终形成自己的想法流，从而实现指数型增长。

"能力—触达—意愿"理论

如何才能影响他人的行为决策？这里涉及一个特别重要的理论，叫"能力—触达—意愿"，三者缺一不可。

打个比方，有人给你打了电话，但是你一直没有接。一般来说，出现这种情况，可能有以下3种原因。

从能力角度出发——虽然我听到手机在响，但就是找不到，忘记把它放在哪里了。

从触达角度出发——我把手机调成了静音模式，虽然有人打电话给我，但我并没有听见，也就是这个来电信息没有触达我。

从意愿角度出发——一看来电提示，就知道对方是房产中介或诈骗电话，我不太想接。

如果你想为公司设计一条指数型的增长道路，一定要从以上3个角度不断优化。在能力层面上，你需要不断降低产品的使用门槛，让更多客户能够用上你的产品；在触达层面上，你需要想办法连接更多的客户，让客户为你带来新的客户，也就是前一章的主题——MGM；而在意愿层面上，你要设定一个宏大的变革目标（MTP），不断增强公司的想法流，让更多的客户认同你的理念，愿意主动参与到你做的这件事情中来。

当你做到了以上3点，你的企业便拥有了指数型增长的根骨和潜质，接下来要做的事便是潜心修炼内功（边际成本为零）和外功（撬动"杠杆资源"）。有了这两大绝世武功保驾护航，企业将很快实现指数型增长的目标，在高手林立的现代企业竞争中拥有一席之地。

让边际成本为零的运营方法

"边际成本"这个词是一个"舶来品"，在西方经济学理念中，"边际成本"指的是每一单位新增生产的产品（或者购买的产品）带来的总成本的增量。听起来比较复杂，说白了就是每增加一个用户所需要支付的成本，这是决定创业能否成功非常关键的一个因素。

边际成本高的企业，很难出现指数型增长

要想实现指数型增长，创业者需要尽量降低企业的边际成本，直至为零。如果一门生意的边际成本一直居高不下，那它更适合走家庭作坊路线，而不是企业化运营。正如全世界最贵的马鞭就产于马来西亚的一家家庭作坊式马鞭厂。

这家马鞭厂的所有员工就是厂长一家人，属于标准的家庭作

坊。制作马鞭的所有工序都由人工完成，选取的也是世界顶级的原材料。如果你想买一条他们的马鞭，需要提前三年预订，售价约合人民币4万元，号称全世界最贵的马鞭。如此高的单价，这家马鞭厂的底气何来？

原来，马鞭最主要的需求方是马球爱好者，而马球属于贵族运动，一个打马球的运动员一年的花费最少也要1000万，比F1方程式赛车更费钱。不是富家子弟压根儿玩不起马球。这就意味着，这家马鞭厂的客户全是世界顶级富豪和贵族。想要获取一名这样的客户，就需要进入他们的社交圈，付出的边际成本自然十分高昂。为了保持赢利，这家人也只能将产品的卖点放在全手工制作、匠心打磨上，以品质和控制产量的方式，为他们的马鞭赋予更高的品牌溢价。

世界顶级汽车品牌宾利走的也是这样的路子。从1919年第一辆汽车诞生之日起，宾利虽历经百年时间的洗礼，却仍保持着手工精制的传统，人为地将边际成本提高，这也是宾利反脆弱的秘密所在。

与现代化汽车生产流水线相比，宾利的生产线每分钟只移动6英寸（约15厘米），每辆车要花上16～20个星期才能完成。精工细作确实为宾利带来了充分的议价权，但这种生产模式的不足之处同样十分明显，较低的产量意味着宾利的市场空间十分有限，无法出现指数型增长。

咨询公司也是如此。在咨询行业内，很少有企业能成为上市公司，原因何在？还是边际成本。咨询行业是一个边际成本非常高的行业，每获得一个新客户，咨询公司都需要耗费大量的人力、物力和财力，就连为同一客户提供二次服务的成本也同样十分高昂。

又如中餐馆，它的最大边际成本在于装修，大多数中餐馆在经营期间都会装修数次，每次花费都不低。反观麦当劳、必胜客等西方餐饮集团，它们的门店一旦正式投入营运，就基本上不会再次装修，因为它们在开店之初就会装修到位，充分考虑边际成本的因素。

指数型增长组织的共同特征：只运营信息

我为什么特别重视用互联网讲课这件事？原因就在于无论获取多少新客户，成本都不会增加，也就是边际成本趋近于零。

樊登读书的产品是各种形式的解读书摘，包括音频、视频等形式。不论是给 10 个人听，还是给 10 万人听，生产花费的时间、人力和物力是一样的。而且，基于网络的知识服务，人们随时随地都可以使用，没有地理位置和人数的限制。

这样一来，不仅让我比较轻松，也让代理商们十分高兴。要知道，代理商最喜欢的产品就是边际成本为零的产品。代理这种产品时，他们不需要仓库，产品不会过期，也没有物流的支出和麻烦，要做的唯一一件事，就是想办法把它卖出去。

　　有比较才有优劣，再来看看传统的培训讲课模式。很多人参加过各种培训，一般都是一个老师在上面讲，百八十个学员在下边听。由于场地和听课效果的限制，每个班的人数都有上限，不可能无限招生。而且，老师的时间是有限的。一门课短则两三天，长则一个星期，再加上来回路途中花费的时间，一个非常勤奋的培训老师，一个月最多也就能讲五次课，这还是将日程排得很满的情况下才能实现。学生有上限就意味着培训的收入有上限，老师的时间成本却很高，这就导致培训业的边际成本降不下来。

　　为什么互联网讲课能让边际成本趋近为零，而传统培训却无法做到？最大的秘密在于互联网讲课运营的是信息，而不是实体课程。所有的指数型组织都有一个共同的特征，就是只运营信息。人们常说的"互联网＋"，实际上就是通过这种模式，将边际成本高的传统行业变成边际成本为零的互联网行业。

　　外卖行业古已有之，过去经常有人会去大酒楼订个席面，约定什么时间送到什么地点。由于酒楼的厨师和跑腿的伙计都是有限的，饭点时更是忙不过来，这就限制了可接外卖订单的数量。如果酒楼打算扩大外卖业务，就得招新的厨师和伙计，人力成本会直线上升。然而，点外卖的客人却不是固定的，很容易出现业务不饱和的情况。一旦招了新厨师和伙计，却没人点外卖，酒楼就会承受巨大的损失，这也是传统餐厅不太喜欢外卖的原因所在。

所幸现在有了移动互联网。在信息技术的加持下，美团、饿了么等互联网公司通过运营信息的方式，将外卖业的边际成本大大压缩，彻底改变了外卖的行业格局。车手是外包的，饭馆是外包的，就连各种考评和培训也都可以外包，美团和饿了么唯一运营的就是派单，通过平台上的大量信息赢利，让边际成本无限趋近于零。

美团和饿了么这些互联网外卖企业能够在极短的时间内覆盖全国，成为指数型企业，最重要的原因就在于它们只运营信息，将绝大部分精力用于维护用户和商家的平台系统，边际成本自然能够大幅度降低。

读到这里，我相信你们已经找到让企业出现指数型增长的法门。连餐饮这种古老的行业都可以通过移动互联网找到边际成本更低的运营模式，其他行业肯定也有这样的改造空间。只要你能想办法将传统企业慢慢转变为只运营信息的互联网企业，让边际成本可控，就有机会以较低的风险实现企业的指数型增长。

学会撬动"杠杆资源"

在企业追求指数型增长的道路上，杠杆资源是和边际成本同样重要的关键点。线性思维和幂次法则的一大区别，是对"拥有"这个词的理解完全不同——线性思维强调"自己有才是真的有"，而幂次法则更看重"杠杆资源"。即便某些资源是当前你的企业并不具备的，你同样可以想办法寻找到一个大家都能接受的支点，用杠杆撬动市场上的闲置资源，让其他资源的拥有者愿意跟你一起干。

社会上存在大量的闲置资源

杠杆资源的概念脱胎于美国人罗宾·蔡斯在《共享经济：重构未来商业新模式》一书中提到的闲置资源。罗宾·蔡斯是《时代周刊》选出的"全球最具影响力的 100 人"之一，她的很多观念与我不谋而合。

在她看来，世界上之所以会出现共享经济，是因为社会上存在很多未被合理使用的闲置资源。什么是闲置资源？假如你有一辆汽车，却出于各种原因长期不开，那它就是一个闲置资源；如果这辆车只有你一个人开，剩下的四个座位长期空闲，那这四个座位也同样是闲置资源。

杠杆资源是我在刚创立樊登读书时就十分关注的发展方向，我们的大量新增用户都是既有付费用户的亲朋好友。目前，用户年龄主要集中在 25 ～ 45 岁，70% 以上是女性用户，很多用户对家庭、事业以及自我修养有追求，有很多夫妻会一起付费加入，是名副其实的学习型家庭。

各城市分会也是樊登读书快速发展的中坚力量，我们在全球拥有 3000 多个分会，分会因地制宜，自主引导会员参与各种线下和线上活动。在国外，也有很多人成为我们的代理商，洛杉矶分会有 1000 多名会员，新加坡分会有 2000 多名会员，日本有东京分会、大阪分会、关西分会等，加拿大分会、英国分会和德国分会也都成立了，这些都是我们的杠杆资源。

此外，樊登读书还撬动了大量的企业资源，我们有近 300 家行业分会或企业分会，这些企业一边组织员工跟我读书，一边也会作为合作伙伴推广我们的品牌。

樊登读书的发展速度其实已经有些超出我自己的想象。尤其是近几年，一个月的新增用户数就能达到 100 万左右，赶上创业前两年的总额了。这些用户是哪里来的？说句良心话，我个人在其中的作用和影响十分有限，大多数都是通过各种"杠杆资源"撬动而来。

寻找合适的"杠杆"，撬动闲置资源

樊登读书并没有自己的教室，但是我们可以通过平台让用户和分会自己组织读书活动；滴滴并没有自己的车，但是它可以通过平台让全中国的车为它赚钱；爱彼迎（airbnb）并没有自己的房间，但它可以通过平台让家家户户把多余的房间贡献出来。创业者如果能找到合适的杠杆来撬动这些闲置资源，如有形资产、技术、网络、设备、数据、经验和流程等，就能降低原料的边际成本，同时省去管理资产的麻烦，使公司在各个方面保持灵活性，走上指数型增长的道路。

最近，我又听说了一个快速崛起的酒店品牌，名字叫 OYO。这个来自印度的经济型酒店品牌仅仅用了一年多一点的时间，就已将店开至中国 292 个城市，其中多为三、四线城市。2018 年 7 月，OYO 在中国的酒店数量不过 500 家，到了 2019 年 2 月底，这个数字就变为了 7000 多家，呈现出明显的指数型增长势头，在酒店业刮起了一阵 OYO 飓风。

OYO 始创于 2013 年，他们瞄准的闲置资源是印度大量的中小型酒店，这些酒店大多拥有 30 ～ 50 间客房，入住率不足 40%，这便意味着剩下的 60% 的客房长期处于闲置状态。为了撬动这些闲置客房，他们使用了特许经营、委托管理以及租赁经营等杠杆模式，整合了印度大量中小型酒店的资源。

手握客房资源之后，OYO 与缤客（Booking.com）、MakeMyTrip 等酒店预订平台合作，为这些平台带来了大批的流量，OYO 也一举成名。在印度市场试水成功后，OYO 将扩张的触角伸到了英国、马来西亚、尼泊尔。当然，还有中国这个世界最大的市场。

模式的成功很快吸引了软银的目光，孙正义为 OYO 提供了 10 亿美元的融资，其中 6 亿美元主要投向了中国。在获得资本的助推后，OYO 几乎以一种碾压式的前进速度切入了中国酒店业的大市场。进入中国一年后，OYO 的酒店数量已经超过了之前五年在印度发展的酒店总数。

反观中国本土的知名酒店，老牌酒店首旅如家、铂涛、华住、99 旅馆、速 8 等大多不温不火，尚美生活集团 AA room、融资到 B 轮的千屿、美团的美团酒店、携程的丽呈酒店发展得也不太顺利，有的甚至已于 2018 年下半年叫停。

在这种竞争格局下，OYO 提出了一句很值得玩味的话："要让那些从来没有住过酒店的人住酒店，让那些没有住过连锁酒店的人选择 OYO 酒店，做中国三、四、五、六线，甚至七线城市的生意。"

OYO指数型增长背后的逻辑到底是什么？我在进行了比较深入的研究和思考之后，得出了两大结论。第一，OYO通过运营平台信息的杠杆，撬动了大量酒店的闲置客房资源，让酒店获得远高于过去的入住率，收入和利润自然相应增长；第二，OYO不向酒店收取加盟费，改造成本也很低，很多酒店花上几万元或十几万元就能完成改造，两周后重新开业。有些小酒店业主的改造成本甚至是零，且所需资金全由OYO酒店支付。当然，抽佣模式肯定和自己出资有所不同。

可能有朋友会问："樊登老师，你说了半天撬动'杠杆资源'的好处，到底怎样才能撬动'杠杆资源'呢？"别急，我其实在前文就透露过答案——MTP，宏大的变革目标。用你的梦想去感召更多的人，说服他们跟你一起实现这个梦想。

樊登读书每星期在全国各地举行上百场读书活动。有许多咖啡馆和书店为我们提供活动场所，让大家一起读书学习。这些书店和咖啡馆都不是樊登读书的资产，只是被"用读书改变中国"的宏大目标吸引，变成樊登读书的"杠杆资源"，参与到企业的运作中来。

MTP的力量不容小觑。在宏大的变革目标之下，不仅每位员工都会感觉企业与自己有关，社会中的其他人也愿意为企业提供更多的"杠杆资源"，企业便会获得无限的生命力和活力，最终实现自己的宏大愿景。即便最终难以实现，也会大大提升企业的运营水

平。如果有朋友对此还有疑问，不妨翻回本书的第二章，重温一下
MTP 的重要性吧。

机制决定了撬动"杠杆资源"的速度

　　指数型增长追求的是极速裂变，但裂变的核心在于机制。总有
人问我："樊登老师，你们的分会是怎么做的？别的品牌在招商时
一般都特别慢，你们在极短时间内，就做到了现在的 3000 多个分
会，有什么独家秘方吗？"秘方确实有，就是"机制"。

　　我到国外经常会遇到有人跟我打招呼，说："Hi，我是你们的
会员。"问题是有些国家我是第一次去，也不认识这里的会长。这
些分会是从何而来的？在背后起作用的其实就是机制。

　　我为樊登读书设计的机制，是把发展分会的权力交给大分会。
如果所有新的分会都要通过总部来授权，渠道部的小伙伴们根本忙
不过来。他们的人和其他资源都是有限的，也无法触及那么多没去
过的城市。

　　需要澄清一下，机制并不是我的独家秘方，星巴克、喜家德都
是这么做的。

　　星巴克的人力资源规范里有一条这样的规定：一个店长要想被
提拔成小区经理，需要为所在门店至少培养出两位新店长。如果没
有培养出新的店长，便没有资格提升为小区经理。

我曾听说过这样一件事，某店长由于长期未被提拔成小区经理而愤愤不平，他向高层领导反映："没有培养出店长又不是我的错，店里员工素质太差，根本培养不出来。我管理水平这么高，为什么仅仅让我做个店长？"

收到他的意见后，星巴克的高层领导很快给出了答复："你确实才能出众，只要你离开门店去做小区经理，这家门店就无法正常运转，因此你的才能只适合做这家门店的店长。"

这就是星巴克快速裂变的机制，用强制手段为企业培养优秀的管理人才，进而让企业实现指数型增长。喜家德的联合创始人高建峰经常和我聊天，他汲取了樊登读书和星巴克的快速发展经验后如获至宝。回去后，他琢磨出了一套类似的机制，取名叫"358 股权模式"，这个模式的效果十分明显，很快便在全国裂变出 500 家门店，年营业额达 20 个亿。

为什么叫"358 股权模式"？这是因为 3、5、8 是这套股权模式中的三个关键数字。

（1）3%：激励员工

员工不用出钱，就可以享受门店 3% 的股份分红。

（2）5%：激励店长

门店店长每培养出一个新员工去开新店，就可以在新店入股

5%。老店长只有培养出更多的人才，才可以获得更多的股份。

（3）8%：给 5% 的基数加了系数

当老店长在 5 家店拥有 5% 的股份后，可以现金入股 8%；在 5 家店拥有 8% 的股份后，可以拥有店面 20% 的股份，即从第 11 家店之后，可以拥有单店 20% 的股份。

不知各位是否注意到，喜家德的裂变机制不是一成不变的，而是加了系数，用爬坡式的裂变机制，激发店长带新人的动力，同时解决了扩张规模和培养管理人才这两个最困扰广大创业者朋友的问题。

不管大家从事何种行业，到最后都会发现最困扰你的不是非人力资源，因为非人力资源都可以通过杠杆撬动。你最欠缺的是优秀的管理人才，是裂变出来的各个分店的店长。你的当务之急，是创造一个最合适的机制。能否让人才自行成长起来，决定了企业能否最终实现指数型增长。

管理杠杆资源的关键在于支点

OYO 无疑是共享经济中一个很好的案例，通过它你会发现，任何一个指数型组织最重要的东西都不是实体资源，而是信息、品牌、技术、数据、知识产权等核心资源，这些可以统称为 IP，它是你撬动杠杆资源的秘密所在，我将其称为"支点"。只要你能将这个支点牢牢握在手中，撬动再多的杠杆资源、发展再多的经销商和加盟商都不必恐慌，因为他们离不开你的IP。

我在进行公共关系研究时，发现了一本好书，叫 *Feeding the Media Beast: An Easy Recipe for Great Publicity*，主书名翻译过来是"喂饱媒体的怪兽"。但是国内出版时，把书名定为《媒体公关12法则》，我只看过英文版，如果有感兴趣的朋友，不妨去找来看看。我对书中的一个观点产生了较强的共鸣："媒体就像一只怪兽，每天都要吃草料。如果你不给怪兽草料吃，它就会吃掉你。同样，如果你不给媒体提供好的消息，它们就有可能反过来说你的坏消息。"

媒体是这样，杠杆资源也是如此。如果你不能持续满足杠杆资源的胃口，它们很容易就会投入竞争对手的怀抱。中国有句老话叫"有奶便是娘"，说的就是这个道理。

滴滴和快的在竞争初期，走的都是"烧钱"路线，一边通过补贴让用户产生较强的黏性，另一边也在补贴司机，防止他们"倒戈"。情况在什么时候发生了变化呢？自然是滴滴和快的合并的时候。此后的共享汽车市场中，滴滴一家独大，并成功地将优步赶出了中国市场。滴滴拥有了自己独一无二的支点，即便日后逐渐降低补贴的力度，也没有影响前进的脚步。

撬动杠杆资源的核心关键点，在于你的IP。好钢要用在刀刃上，创业期的资金有限，那就要将有限的资金投入你的IP打造。

　　要么投在品牌上，要么投在技术上，要么投在大数据运营上，你的支点会变得越来越稳固，你的护城河才会变得越来越宽。

　　以淘宝为例，淘宝构筑的"护城河"已经足够宽广，从过去的技术优势慢慢变成了品牌和用户忠诚度优势，拥有海量的用户群体。此时，如果有创业者提出"我要走淘宝的老路，再造一个淘宝"，基本属于痴人说梦。你应该再造的不是淘宝，而是新的支点，走唯品会和拼多多的路。

找到指数型增长的关键节点

创业从来都是一件极其复杂的事情，从寻找问题、挖掘秘密、建立反脆弱的商业结构，到组建生物态创业团队、打磨产品、让客户带来客户、实现指数型增长，要做的事情本就千头万绪。一个创业者的精力和时间是有限的，即便你真的不管任何生活琐事，废寝忘食地将全部精力投入创业之中，你的一天也只有 24 小时。如果你什么都想兼顾，往往什么都做不好，还容易让企业错过关键的飞速发展期。

在樊登读书的发展早期，由于产品并不完善，我每天都能收到来自五湖四海的用户的反馈。比如，出于网络原因，无法完整收听音频；贴片广告质量不好，影响体验；新产品跳票，无法如约面市……如此反馈，五花八门。如果我每收到一个用户的反馈就让人立刻处理，那么整个团队就是在不断地"打补丁"，也不可能实现指数型增长。

幸运的是，我在此之前恰好读过哈佛公共健康学院教授阿图·葛文德写的《清单革命》，这本书给我带来了很大的启发。所谓清单，是指"检查清单"，这是一种列出工作流程、要点、注意事项的工具，能够为你的大脑搭建起一张"认知防护网"。

在阿图·葛文德看来，当一件事情的复杂程度已经完全超过了个人的能力时，你必须学会用清单管理你的时间，找到关键的管理节点进行管控。也就是说，创业者应该找到当下的关键节点，并加以解决，这才是你最应该做的事情。为了说明关键节点的重要性，阿图·葛文德在《清单革命》一书中讲述了下面这个故事。

巴基斯坦第一大城市卡拉奇有很多贫民窟，在很长的一段时间里，由于没有良好的排水系统，贫民窟里污水横流，导致当地居民患腹泻、肺炎的人数比例居高不下，很多孩子在出生后不久便因此夭折。

这个情况引发了大众和有关专家的普遍关注，有的专家建议重修排水渠道，主管部门却无力承担此项工程所需的巨额费用；有的专家提议将这些居民迁移到其他卫生条件良好的地方，此举更为劳民伤财，被大家一致否决。这时，有位专家别出心裁地想到了一个好办法——去找宝洁公司赞助肥皂，每个星期给每户人家发放一块。

宝洁公司很愿意提供这些肥皂，这相当于用极低的成本进行了一次品牌宣传，而贫民窟的居民也愿意领用肥皂，毕竟不需要自己掏钱就能改善卫生条件，何乐而不为？一段时间之后，贫民窟的居民们便养成了饭前便后洗手的好习惯。

一年后，专家们惊喜地发现，卡拉奇贫民窟居民患腹泻的人数比例比之前下降了 52%，患肺炎的人数比例也比之前下降了 48%。一个看似极为简单的举措，为何能产生如此巨大的实际效果？原因在于这位专家找到了问题的关键节点。

如果要自上而下由政府来改变当地的卫生状况，可能是一件非常困难的事情。但这位专家选择了一种极为巧妙的方式，让当地民众自发养成了讲卫生、勤洗手的习惯，进而产生了"四两拨千斤"的效果，改变了贫民窟的整体卫生状况。

制作清单的目的就是要不断观察清单中的所有流程，看看哪些事情是与公司发展前景密切相关的关键节点，应该受到足够的重视；哪些事情看似重要，但在人手有限的情况下，可以缓缓再做。**找到关键节点，是一个公司能够出现指数型增长的前提和关键。**否则，即便你的公司看起来十分忙碌，每个员工似乎都十分努力，每天有做不完的事情，整个团队的发展却很有可能依然十分缓慢，随时可能遭遇不确定的风险。

因为明白关键节点的重要性，我也为创业初期的樊登读书列了一份清单，最后发现关键节点是二维码系统。有了它，樊登读书才能发展越来越多的会员，企业的现金流才会有保障，才有能力去解决更多问题。

于是，我跟小伙伴们一再强调："我希望大家能将力量集中在一个点上，就是供用户推广的二维码系统。你们先把别的工作放在一边，集中精力把二维码系统做出来。系统再不好用，我都不会怪你们，所有的压力和骂声都由我来扛，你们要做的只有一件事——开发二维码系统。"

在那段时间里，我每回去上海和小伙伴们开会时，只问他们与二维码有关的事情："二维码系统做出来了吗""能不能分享""分享能不能收钱""能通过二维码找到转发的用户吗"……不得不说，小伙伴们相当能干。在不到两周的时间里，他们就拿出了一整套比较完善的二维码系统，樊登读书也终于有了源源不断的现金流。

由于我的这个决断，樊登读书确实在那时收到了很多用户的差评，说是用户体验差，反馈的问题都没有得到及时解决。不过当时的情况已经不那么紧急了，因为我们手里有了收入，就能更加从容地去解决其他问题，比方说提升音频播放的流畅度和提高用户体验，并在全国范围内寻找最合适的代理商。

在接下来的每个发展阶段里，我都会列出新的清单，不断地从中寻找当前阶段的关键节点，集中精力加以解决。现在看来，正因为对各个阶段关键节点的准确认知和迅速拿下，才有了后来呈现指数型增长态势的樊登读书。

创业者如果不能及时找到当前阶段的"关键节点"，便很容易感到焦虑，觉得每一个问题都需要解决，每一个风险都可能放大，每一件小事都是大事，这样一来，你的公司就会永远止步不前。要知道，在创业阶段，你根本等不到一个万事俱备的时刻。我建议大家最多以两周为一个界定周期，找出接下来两周内公司的关键节点，主攻这个方向，并一定要得到结果。即便这个结果并不尽如人意，也能让你知道某个方向并不可行，并及时调整。

搭建跨部门的增长小组

2016—2017 年，樊登读书的业绩增长了 28 倍；2017—2018 年，放缓到了不到 10 倍。我并没有觉得自己在 2016 年比 2017 年更努力，或者知识付费领域的热度更高。按照指数型增长的模式，创业公司体量越大，增长得应该越快才对。究竟问题出在哪里？

我觉得是想象力出了问题。付费用户从 10 万快速增长到 100 万的场景，我们可以想象；而从 100 万发展到 1000 万，我们就不敢想象了。因此，樊登读书从上到下，不自觉地放慢了前进的脚步，大家把注意力更多地放在了标准化、流程化、规范化这些传统指标上。公司的办公面积越来越大，人越来越多，规定和流程也越来越多，但把目光紧紧地盯在增长这件事上的人却不多了。

杰克·韦尔奇在《商业的本质》一书中说："一个公司里 CEO 最重要的职责只有一件，就是增长。"拓展新客户、开拓新业务、进入新地区、招聘新员工……企业的每一个举措无一不是为了增长，就连开除员工也是为了增长。当创始人把增长的方向放在第一位的时候，企业才会形成一股劲儿，创造奇迹。

2016 年，樊登读书的业绩增长了 28 倍，现在回想起来还是有些激动。为了重现当年的指数型增长，樊登读书需要另一本书的指导，这次是肖恩·埃利斯和摩根·布朗合著的《增长黑客：如何低成本实现爆发式成长》。我在樊登读书讲这本书的时候，用了一句话来概括："企业的下一个增长方向应该取决于数据，它决定了你该做什么事，不该做什么事。"而数据从何而来？来自《增长黑客：如何低成本实现爆发式成长》一书中所说的增长小组。你要让增长小组围绕各个指标进行实验，时刻监控实验数据，并对此做出反馈。

搭建跨部门、跨领域的增长小组

打破公司现有的筒仓式管理结构，搭建一个又一个增长小组。小组里应当有深刻了解企业战略和目标的人，有能够进行数据分析的人，也需要能够对产品的设计、功能或营销方式进行改动，并通过编程测试这些改动的工程师。它可以是四五个人的小团队，也可以是上千人的大团队。但不论规模大小，增长团队中应包含以下角色：增长负责人、产品经理、软件工程师、营销专员、数据分析师与产品设计师。

　　所有的增长小组都不能由单一部门的人员构成。如果你想在市场方面有一个增长的行动，绝对不要从市场部挑三个人组成一个增长小组，因为他们一定会遇到财务部、技术部、产品部的阻力。增长小组一定是跨部门的，当你找到一个增长可能性时，你要在公司内部宣布，你希望找到各个不同部门的人参与公司增长小组的活动。这时你会发现年轻人的动力就会被激发出来。

　　我之前不太懂跨部门、跨领域的重要性，让技术部门的小伙伴们背了很多"黑锅"，现在想来很不好意思。跨部门合作，意味着这个项目中既有懂技术的人，又有懂市场的人，也有做客服的人，还有分会和渠道的人。只有将这些人聚到一起，让他们为同一个指标献计献策，才能灵活、机动、有成就感地改造我们的产品。

　　除了团队内部的人员组建，增长团队必须获得创业者的大力支持，因为增长团队往往需要抽调人力或其他公司资源。如果没有明确且坚定的高层意志，那么增长团队的行动将会处处受阻。同时，增长团队应有向你直接汇报工作的汇报制度与通道，以确保较高的沟通效率。

针对具体指标进行增长实验

　　接下来的事情就简单多了，每个增长小组针对专门的一个或几个指标进行增长实验；时刻监控数据，快速设计对策并实施，一两周之内就能看到有没有效果。如果有效，那么就大面积推广，无效就赶紧进行下一个实验。

樊登读书在组织内部设立了一个专门的增长群，里边经常会有人抛出各种假设。有一天，我看到了这样的假设：假如樊登老师在每一本书后边都发表评论，会不会对会员读书的活跃度产生影响？

当这个假设被抛出来之后，公司内部立刻组建了一个增长小组，并开始做实验。实验的内容是在每次发布新书时，把我的一条评论置顶，然后统计点赞量。第二天晚上，这个增长小组就统计出了结果：我的评论在一晚上有 40 万次的点赞量，书籍阅读量大幅上升。有了这个数据支持之后，我们便立刻推广这个举措，效果很好，属于一次成功的增长实验。

当你发现一个实验取得成功之后，就赶紧把它推而广之，即便实验不太成功也不用沮丧，掉转方向，再做下一个实验就好。天下武功，唯快不破，经过无数次快速的实验，你手中掌握的技术和增长手段就会越来越多。

凭借这样的方法论，Facebook、爱彼迎这些公司实现了每个月 5 ～ 6 倍的增长。中国每年也都会有在几年时间内销售额突破几十亿元的巨型独角兽企业诞生。

逆水行舟，不进则退。道理听过无数遍，人有时候就麻痹了。多少固若金汤的企业，在轰然倒塌后才发现，所谓的固若金汤，不过是自己的幻觉。持续关注一件事，久了难免会疲怠、懈怠、丧失警惕，那往往是因为你还没意识到它到底有多重要。

对企业来说，"指数型增长"就是这样一件关乎生死存亡的事情，持续地关注增长、实现增长才是保持前行的发展之道。

在本章的最后，送给大家一句话：唯一限制我们的是我们的想象力。

参考文献

［1］保罗·奥法里.复制成功［M］.马爽，吕文聪，译.北京：中信出版社，2006.

［2］柳井正.经营者养成笔记［M］.北京：机械工业出版社，2018.

［3］汤姆·凯利等.创新的艺术［M］.李煜萍，谢荣华，译.北京：中信出版社，2013.

［4］马丁·林斯特龙.痛点：挖掘小数据满足用户需求［M］.陈亚萍，译.北京：中信出版社，2017.

［5］马丁·林斯特龙.感官品牌［M］.赵萌萌，译.天津：天津教育出版社，2011.

［6］帕科·昂德希尔.顾客为什么购买［M］.刘尚焱，缪青青，译.北京：中信出版社，2016.

［7］铃木敏文.零售的哲学：7-Eleven便利店创始人自述［M］.顾晓琳，译.南京：江苏凤凰文艺出版社，2014.

［8］阿什利·万斯.硅谷钢铁侠：埃隆·马斯克的冒险人生［M］.周恒星，罗庆朗，译.北京：中信出版社，2016.

［9］埃里克·莱斯.精益创业：新创企业的成长思维［M］.吴彤，译.北京：中信出版社，2012.

[10] 纳西姆·尼古拉斯·塔勒布.黑天鹅:如何应对不可预知的未来（升级版）[M].万丹,刘宁,译.北京:中信出版社,2011.

[11] 纳西姆·尼古拉斯·塔勒布.反脆弱:从不确定性中获益[M].雨珂,译.北京:中信出版社,2014.

[12] 秋山利辉.匠人精神[M].陈晓丽,译.北京:中信出版社,2015.

[13] 沃尔特·艾萨克森.列奥纳多·达·芬奇传:从凡人到天才的创造力密码[M].汪冰,译.北京:中信出版社,2018.

[14] 埃米尼亚·伊贝拉.能力陷阱[M].王臻,译.北京:北京联合出版公司,2019.

[15] 麦克·哈特.影响人类历史进程的100名人排行榜（修订版I[M].赵梅,韦伟,姬虹,译.海口:海南出版社,2014.

[16] 梅拉妮·米歇尔.复杂[M].唐璐,译.长沙:湖南科技出版社,2018.

[17] 斯坦利·麦克里斯特尔.赋能:打造应对不确定性的敏捷团队[M].林爽喆,译.北京:中信出版社,2017.

[18] 阿尔弗雷德·阿德勒.自卑与超越[M].杨颖,译.杭州:浙江文艺出版社,2016.

[19] 卡罗尔·德韦克.终身成长:重新定义成功的思维模式[M].楚祎楠,译.南昌:江西人民出版社,2017.

[20] 岛田洋七.佐贺的超级阿嬷[M].陈宝莲,译.海口:南海出版公司,2013.

[21] 黄铁鹰.海底捞你学不会[M].北京:中信出版社,2011.

[22] 里德·霍夫曼,本·卡斯诺查,克里斯·叶.联盟:互联网时代的人才变革[M].路蒙佳,译.北京:中信出版社,2015.

[23] 埃米·卡迪.高能量姿势[M].陈小红,译.北京:中信出版社,2019.

[24] 埃里克·施密特,乔纳森·罗森伯格,艾伦·伊戈尔.重新定义

公司 [M] . 靳婷婷，译 . 北京：中信出版社，2015.

[25] 菲利普・科特勒，凯文・莱恩・凯勒 . 营销管理（第 15 版][M] . 上海：格致出版社，2016.

[26] 大卫・奥格威 . 一个广告人的自白（纪念版）[M] . 林桦，译 . 北京：中信出版社，2015.

[27] 艾・里斯，杰克・特劳特 . 定位：争夺用户心智的战争 [M] . 顾均辉，译 . 北京：机械工业出版社，2015.

[28] 乔纳・伯杰 . 疯传：让你的产品、思想、行为像病毒一样入侵 [M] . 刘生敏，廖建桥，译 . 北京：电子工业出版社，2014.

[29] 罗伯特・麦基，托马斯・格雷斯 . 故事经济学 [M] . 陶矇，译 . 天津：天津人民出版社，2018.

[30] 罗宾・蔡斯 . 共享经济：重构未来商业新模式 [M] . 王芮，译 . 杭州：浙江人民出版社，2015.

[31] Mark E. Mathis. Feeding the Media Beast: An Easy Recipe for Great Publicity [M]. Purdue University Press, 2005.

[32] 阿图・葛文德 . 清单革命（经典版）[M] . 王佳艺，译 . 北京：北京联合出版公司，2017.

[33] 杰克・韦尔奇，苏茜・韦尔奇 . 商业的本质 [M] . 蒋宗强，译 . 北京：中信出版社，2016.

[34] 肖恩・埃利斯，摩根・布朗 . 增长黑客：如何低成本实现爆发式成长 [M] . 张溪梦，译 . 北京：中信出版社，2018.

[35] 萨利姆・伊斯梅尔，迈克尔・马隆，尤里・范吉斯特 . 指数型组织：打造独角兽公司的 11 个最强属性 [M] . 苏健，译 . 杭州：浙江人民出版社，2015.

[36] 理查德・德威特 . 世界观：现代人必须要懂的科学哲学和科学史（原书第 2 版）[M] . 孙天，译 . 北京：机械工业出版社，2018.

附　录

用低风险创业帮助十万个创始人（尚军）

近期，第 91 届奥斯卡最佳纪录片奖颁给了《徒手攀岩》，该片记录了美国攀岩者阿力克斯的故事，他不使用安全绳和保护措施，3 小时 56 分徒手攀登美国伊尔酋长岩。

2018 年 6 月，我和樊登老师游学，去过美国优胜美地国家公园。酋长岩异常雄伟，在看这个片子之前，我一直认为阿力克斯是个超人，徒手攀岩，这是不可能的事情。看过纪录片，我突然明白阿力克斯徒手攀岩其实风险是很低的，因为他用了 8 年时间做准备，每一次攀爬都反复演练、揣摩动作，每一块岩石、每一个难点都精心应对、了然于胸。攀岩高手阿力克斯不是在冒险，只是很好地控制了风险。

创业也是这样。大多数风险其实可以得到有效控制，学习就是最有效控制和降低风险的途径。2018 年，我辞去干了 20 年的工作，与樊登老师联合创立了"十万个创始人"，投身创业者服务，旨在打造一个创始人的学习及商业社交平台。很荣幸组织并聆听了樊登老师三天三夜的创业大课，内容包括从发心到执行，从发现用户问题到建立创业者用户思维、第一性思维、反脆弱思维、生物态思维、指数型思维等。

创业始于认知，成于创新，毁于常识。创业者走过的弯路、掉进的坑、出现的失败大多数来自这几个方面。

我本身是创业者，也接触了大量创业者。我们选创始人的标准有三个，诚信、开放学习、乐于助人。因为是创始人，又乐于学习，所以他们的状态是完全打开的，很容易学到真东西，也很容易连接交往。

反脆弱思维让我们学会拥抱不确定性，学会从不确定性中受益。南通吉时满鲜生超市连锁谢总，认为生鲜超市连锁的第一性价值是传递爱。在学习了可复制领导力后，他带领团队快速扩张，1 年多的时间就发展了 20 家连锁生鲜超市，此时他也开始面临其他生鲜超市的竞争。在学习了反脆弱以及线上社群营销的经验后，谢总开始将线上社群营销与线下实体连锁超市进行融合，旨在打造社群营销线下连锁生鲜超市，从不确定性中受益。谢总的能力也得到了很大的提升。

创业没有新鲜事，我们遇到的各种各样的难题，前人早有应对和论述。樊登老师不仅结合自己的创业项目整理出创业主线，还将各种创业书籍中的知识融会贯通，在本书中对主要创业知识点都进行了深入浅出的阐释。我做过一个不完全的统计，樊登老师本书讲述的内容涉及以下创业类图书：《反脆弱：从不确定性中受益》《精益创业》《指数型组织》《增长黑客：如何低成本实现爆发式成长》《零售的哲学：7-Eleven 便利店创始人自述》《终身成长：重新定义成功的思维模式》《一个广告人的自白》《零边际成本社会》《疯传》《复杂》《赋能》《创新者的窘境》《传染》《定位》《销售洗脑》《故事经济学》《巴菲特之道》《重新定义公司》《创新的艺术》等。

　　阿力克斯的妈妈说儿子在攀岩时最能体会生命的存在。创业也是这样，它是一个精彩的修行过程。作为创业者，我们从感性出发，理性地分析应对，不断增加认知，拓展格局，提升能力，不断察觉，不断成长，做最好的自己。

十万加创始人尚军　于上海